HEYNE
BÜCHER

HANS DIETER
MEYER

Ratgeber Lebensversicherung

Originalausgabe

WILHELM HEYNE VERLAG
MÜNCHEN

HEYNE RATGEBER
08/9286

6. Auflage

2. Auflage dieser Ausgabe (bisher lieferbar unter 08/4959)

Printed in Germany 1990
Umschlaggestaltung: Atelier Adolf Bachmann, Reischach
Satz: Kort Satz GmbH, München
Druck und Bindung: Presse-Druck Augsburg

ISBN 3-453-03967-X

Inhalt

Vorwort

Verunsicherung über Lebensversicherung

Mehr und mehr Bürger, die eine Lebensversicherung abgeschlossen haben, fühlen sich verunsichert – vor allem durch wachsende Kritik an der Kapital-Lebensversicherung und viele sich widersprechende Berichte in den Medien. Verunsicherung deutet auf einen Mangel an verläßlichen Informationen hin. Dieses Buch soll deshalb – vor allem aus Verbrauchersicht – Grundinformationen und Entscheidungshilfen liefern für alle, die an den Abschluß einer Lebensversicherung denken, aber auch für die, die bereits eine Lebensversicherung haben und nun wissen möchten, wie sie aus einer solchen, eventuell falschen Lebensversicherung am besten wieder herauskommen.

Bis vor kurzem war die Lebensversicherungs-Welt noch in Ordnung. Über 67 Millionen Verträge – fast drei pro erwerbstätigen Bundesbürger – wurden von den Lebensversicherungsunternehmen als ›ungeheurer Vertrauensbeweis‹ in die Lebensversicherung gewertet. Kritik oder Mißtrauen gegenüber Gesellschaften und Vertretern begegnet die Branche mit dem Hinweis auf die staatliche Aufsicht, auf die steuerliche Begünstigung der Lebensversicherung und eine mehr als hundertjährige Tradition.

Alles in allem: Konkrete Kritik wurde nie so recht laut, kam zumindest nicht bei dem Normalverbraucher an. Da hat das

Hamburger Landgericht im Juni 1983 plötzlich die Aussage »Lebensversicherung zur Altersversorgung ist ein legaler Betrug« als Meinungsäußerung zugelassen. Vor allem die Berichterstattung über diesen Prozeß und der dadurch ausgelöste Streit um die Rentabilität des Sparvorganges in der Lebensversicherung hat bei den Verbrauchern eine große Verunsicherung in Sachen Lebensversicherung ausgelöst, bei den verantwortlichen Stellen aber nach jahrzehntelangem Dornröschenschlaf endlich eine Reihe von Aktivitäten. So stellte der für die Lebensversicherung zuständige Abteilungsleiter im Bundesaufsichtsamt für das Versicherungswesen fest: »Der Unmut ist berechtigt.« Gleichzeitig wundert er sich aber, »warum eine jahrzehntelange Praxis plötzlich so in Frage gestellt wird, daß man sich schließlich gezwungen sieht, eine grundlegende Änderung vorzunehmen«. – Es gab einige Veränderungen, ausgelöst durch die um sich greifende Kritik. Aber von einer grundlegenden Änderung sind wir noch weit entfernt.

Was keiner weiß: Die Deutschen geben international gesehen das meiste Geld für Lebensversicherungen aus, sind aber trotzdem am schlechtesten versichert. Millionen Familien haben trotz hoher Beitragszahlungen eine unzureichende Familienversorgung. Hunderttausende von Witwen und Invaliden leben am Rande des Existenzminimums. Sinnvolle Risikolebens- und Berufsunfähigkeitsversicherungen wurden ihnen nicht angeboten, dafür aber die mit einem Sparvorgang gekoppelte Kapital-Lebensversicherung, die eigentlich gar keine Versicherung ist – zumindest eine viel zu teure. Diese Versicherungsart hat soviel Unheil und Elend angerichtet, daß man immer wieder vor dieser Vertragsart warnen muß. Nur wer sich informiert, fällt ihr nicht zum Opfer.

Hamburg im Sommer 1989 — Hans Dieter Meyer

Lebensversicherung – zwischen Liebe und legalem Betrug

Die einen nennen es Liebe, die anderen legalen Betrug. Gemeint ist der Abschluß einer Lebensversicherung. Liebe ist tatsächlich das Hauptmotiv, wenn jemand einen Antrag auf Lebensversicherung unterzeichnet, um Kinder, Ehefrau oder Ehemann über den eigenen Tod hinaus zu versorgen. Eine selbstlose Fürsorge für die Familie, denn der Versicherte kommt selbst niemals in den Genuß der eigentlichen Versicherungsleistung, die darin besteht, daß nach seinem Tod ein bestimmter Kapitalbetrag an die Hinterbliebenen gezahlt wird. Wer seine Familie liebt, wird nicht sagen: »Nach mir die Sintflut.« Er schließt eine Lebensversicherung ab. Und daran ist im Grunde nichts falsch.

»Nennen Sie es Vorsorge, wir nennen es Liebe.« So lautet denn auch ein Werbespruch der Hamburg-Mannheimer. Und alle Prospekte der Lebensversicherungsunternehmen appellieren an diese Elternliebe mit farbigen Bildern von glücklichen Familien mit Kindern. Und immer winkt die Hand mit dem Bündel Hundertmarkscheine. Begriffe wie Glück, Familie, Vorsorge, Liebe, die im Zusammenhang mit der Lebensversicherung verwendet werden, haben alle einen positiven Inhalt. Sogar die Beitragszahlung – bei allen anderen Versicherungen für den Versicherten ein negativer Faktor – wird hier ins

Positive verkehrt. Es gibt bei Ablauf der Lebensversicherung das gesamte eingezahlte Geld zurück, sogar ›mit Dividende‹ – wie es bis vor kurzem noch die Werbung versprach. Der Versicherte spart also. Und Sparen ist auf jeden Fall nichts Schlechtes.

Noch etwas ist positiv an der Lebensversicherung. Stirbt ein Versicherter, zahlt die Gemeinschaft aller Versicherten aus den bereitgestellten Beiträgen die Versicherungssumme an die Hinterbliebenen. Also auch Gemeinsinn und gegenseitige Hilfe – praktizierte christliche Nächstenliebe. Kein Wunder, daß Bürger, die von der Lebensversicherung nicht mehr wissen als das bisher Gesagte, dem Generaldirektor der Nürnberger Lebensversicherung glauben, der kürzlich erklärte, die Versicherungs-Gesellschaften betrieben ein »mehr karitatives und humanitäres als kommerzielles Gewerbe«. Wohl auch ein Grund, daß so viele Versicherungsmanager laufend Bundesverdienstkreuze erhalten. Viele Bürger wissen außerdem, daß das Versicherungswesen vom Staat beaufsichtigt wird. Liebe, Vorsorge, Geld zurück, und alles unter staatlicher Kontrolle – was soll falsch daran sein, eine Lebensversicherung abzuschließen?

Lebensversicherung – ja, aber ...

Nichts ist falsch daran, eine Lebensversicherung zur Versorgung einer Familie mit Kindern abzuschließen. Also: Lebensversicherung – ja! Die Frage »Aber welche?« stellt sich für liebende Väter und Mütter erst gar nicht. Es gibt für sie offenbar nur die eine Lebensversicherung, nämlich die der Vater und der Großvater schon hatten, bei der man bis zum Rentenalter einzahlt, die beim Tod des Versicherten die Versicherungssumme auszahlt und bei der man am Ende all sein Geld – sogar mit Dividende – zurückbekommt. Gleichzeitig eine zusätzliche Altersversorgung. Dementsprechend heißt es auch in der Werbung: Sicherheit und gezielte Vermögensbildung, Familienversorgung und zusätzliche Altersversorgung, das biete ›nur‹ die Lebensversicherung.

Also für einen so Informierten kein Anlaß zu fragen: »Welche Lebensversicherung?« Und kein Grund, nach Alternativen zu suchen. Zu den farbenfrohen Bildern von glücklichen Familien auf den Prospekten gesellen sich ebenso farbenfrohe Bildmotive von glücklichen Rentner-Ehepaaren, die – scheinbar ›nur‹ durch eine Lebensversicherung – ihren Lebensabend sorglos genießen können. Und wieder winkt die Hand mit dem Bündel Hundertmarkscheine.

Diese Werbung und eine nunmehr hundertjährige Tradition sind der Grund dafür, daß fast alle Bürger glauben, die Lebensversicherung sei die einzig mögliche Form der Familien- und Altersversorgung. Diese Vorstellung, die jede Suche nach Alternativen unterbindet, hat dazu geführt, daß sich fast jede Familie in diesem Sinne versichert hat, nämlich durch den Abschluß der ›gemischten Versicherung auf Todes- und Erlebensfall‹ oder kurz: ›Kapital-Lebensversicherung‹.

Es gibt derzeit rund 53 Millionen solcher Kapital-Lebensversicherungen, für die die Bundesbürger im Jahre 1988 über 40 Milliarden DM an Prämien zahlen. Das heißt: jeder Haushalt hat etwa zwei Kapital-Lebensversicherungen und zweigt dafür von seinem Jahreseinkommen 1600 DM ab.

130 DM monatlich – aus Liebe gezahlt und fürs Alter gespart – das ist die Lebensversicherung aus der Sicht des einzelnen Bürgers.

Schwindelerregende Dimensionen der Kapital-Lebensversicherung

Die Kehrseite der Lebensversicherung ist das sich ansammelnde Kapital. Und das nimmt schwindelerregende Dimensionen an, wenn man folgende Hochrechnung vornimmt: Der einzelne Haushalt zahlt 130 DM im Monat. Das macht rund 1600 DM im Jahr. Diese Beiträge sind bei den meisten Versicherungen ›dynamisiert‹ und erhöhen sich um rund fünf Prozent pro Jahr. Die Durchschnittslaufzeit der Kapital-Lebensversicherung liegt bei fast dreißig Jahren. Das ergibt – unter Berücksichtigung der dynamisierten Beiträge – Zahlungen der einzelnen Familie von über 80 000 DM während der Vertragslaufzeit. Nun darf man nicht vergessen, daß Geld auch arbeiten kann. Bei einem Zinssatz von sieben bis acht Prozent kann aus den jährlich gezahlten Prämien in etwa dreißig Jahren eine Summe von 200 000 DM werden. Diese Summe ist zu multiplizieren mit der Zahl der Haushalte, also mit 25 Millionen, und ergibt den schwindelerregenden Betrag von fünf Billionen oder 5000 Milliarden DM – in Zahlen: 5 000 000 000 000 DM. Das ist in etwa der addierte Wert aller bestehenden Lebensversicherungsverträge. Also: Auf der einen Seite Liebe und Versicherung, auf der Kehrseite der Medaille FÜNFTAUSEND MILLIARDEN DM KAPITAL.

Nun ist leicht vorstellbar, daß einige – auch der Staat – bei derartigen Summen nervös werden und sicher überlegt haben, wie sie den Aufbau eines so gewaltigen Kapitals fördern und dann dieses langfristig hingegebene Vermögen in ihre Verfügungsgewalt bringen und zum Spielball ihrer Interessen machen konnten. Und genau hier – bei dem Umgang mit dem Versichertengeld – setzt die Kritik an der derzeitigen Form der Kapital-Lebensversicherung an, die in dem schlagwortartigen Vorwurf des ›legalen Betruges‹ gipfelte. Der Bund der Versicherten, eine im Jahre 1982 gegründete, 1989 schon über 12 000 Mitglieder starke Interessenvertretung der Versicherten (siehe Seite 174), hatte im September 1982 gemeinsam mit der Verbraucherzentrale Hamburg die 48seitige Broschüre ›VERSICHERUNG – ja, aber ...‹ herausgegeben, in der sich folgende Texte befinden:

"Die Lebensversicherung zur Altersversorgung ist - so ein erfahrener Steuerberater aus München - "ein legaler Betrug".

Diese Kapital-Lebensversicherung ist zu 90 Prozent überhaupt keine Versicherung, sondern ein langfristiger Sparvertrag mit einer Rendite, die oft unter der Inflationsrate liegt und dann gleich Null ist. Mit den Geldern, die die Lebensversicherten langfristig hingeben, verschaffen sich die Unternehmen aber inflationssichere Kapitalanlagen mit hohen Wertsteigerungen,

an denen die Versicherten nur selten beteiligt werden. Und der Staat verschafft sich hier billige langfristige Kredite, so daß man Beiträge für Kapital-Lebensversicherungen in vielen Fällen auch als eine "Steuer für Dumme" bezeichnen kann, die man hier mit angeblichen Steuervorteilen (die kaum zum Tragen kommen) zur langfristigen Geldhingabe verführt. Millionen Bundesbürger haben durch den Abschluß falscher Kapital-Lebensversicherungen Zigmilliarden Mark verloren - vor allem beim vorzeitigen Aussteigen aus diesen Verträgen und die dann meist sehr geringe Beitragsrückzahlung ("Rückkaufswert"). Gewinner sind Staat und Lebensversicherungsunternehmen, die hier "Hand in Hand" arbeiten:

Also: In jedem Fall nur eine Risiko-Lebensversicherung zur Familienversorgung abschließen. Die eingesparten Beiträge legen Sie besser selbst an, und zwar - wie die Versicherungsunternehmen es sonst mit Ihrem Geld gemacht hätten - inflationssicher in Grundbesitz (Eigentumswohnung oder Haus). Das "mietfreie" Wohnen ist für Ihr Alter eine bessere Versorgung als eine völlig entwertete Kapital-Lebensversicherung.

! ACHTUNG, JUNGE LEUTE ! - !

Auf Euch machen viele Gesellschaften besonders trickreich Jagd. Fallt nicht auf diese speziellen "Jugendprogramme" herein - Ihr verliert auf Dauer ein Vermögen ! -

Die Klage des Verbandes der Lebensversicherungsunternehmen gegen den Bund der Versicherten und seinen Geschäftsführer Hans Dieter Meyer, gleichzeitig auch Autor der angegriffenen Broschüre, auf ›Unterlassung verletzender Äußerungen‹ wurde durch Urteil des Landgerichts Hamburg (74 O 47/83) am 3. Juni 1983 abgewiesen. Nun bestätigt diese Gerichtsentscheidung nicht, daß Lebensversicherungen zur Altersversorgung ein ›legaler Betrug‹ sind. Zu beachten ist auch, daß sich dieser Vorwurf nicht gegen das Versicherungswesen oder die Lebensversicherung an sich richtet, sondern nur gegen die Kapital-Lebensversicherung in ihrer derzeitigen Form, und genau formuliert so lauten müßte: »Das Verstecken eines Sparvorganges in der langfristigen Kapital-Lebensversicherung ermöglicht es den Gesellschaften, sich heimlich Versichertengelder anzueignen. Und das ist ein legaler Betrug!« – Das Gericht hat die Aussage ›legaler Betrug‹ als sachliche Meinungsäußerung zugelassen mit ein paar bemerkenswerten Gründen:

»Die Broschüre unternimmt den Versuch, den Verbraucher hinsichtlich des Abschlusses von Versicherungsverträgen zu beraten ... Durch die Einstufung der Lebensversicherung zur Altersversorgung als ›legaler Betrug‹ wird von dem Abschluß solcher Versicherungsverträge abgeraten ... Die streitige Äußerung dient der Aufklärung der Verbraucher über das Wesen der Lebensversicherung zur Altersversorgung. Ob die von den Beklagten hierzu vertretene Auffassung zutreffend ist oder nicht, ist in diesem Zusammenhang unerheblich ... Die Äußerung ist nicht als Schmähkritik zu bewerten. Denn eine solche ist nur dann anzunehmen, wenn die Äußerung jeden sachlichen Bezug zu der zugrunde liegenden Auseinandersetzung vermissen läßt und sich in Schmähungen und Diffamierungen des Angegriffenen erschöpft. Davon kann aber im vorliegenden Fall nicht die Rede sein. Aus dem Gesamtzusammenhang der Äußerungen der Beklagten ergibt sich, daß ihr Anliegen darin besteht, den Versicherungsmarkt für die Verbraucher transparenter zu machen und durch ihre Kritik eine Verbesserung der Bedingungen für Versicherungsnehmer zu erreichen ...

Insbesondere die Frage der Beteiligung der Versicherten an den Einkünften der Lebensversicherungsunternehmen aus der Anlage der Versicherungsbeiträge wird sowohl in der Tagespresse umfangreich erörtert und hat zu Reformüberlegungen geführt. An dieser Diskussion hat der Beklagte zu 3) (Hans Dieter Meyer) nicht nur mit der Broschüre ›VERSICHERUNG – ja, aber ...‹, sondern auch mit seinem Buch *Ratgeber*

Versicherung (Heyne Taschenbuch 08/9284) und zahlreichen anderen schriftlichen und mündlichen Beiträgen in Eingaben an Gesetzgebungsorgane und in den Medien teilgenommen ...

Es ist ferner ein öffentliches Interesse daran vorhanden, daß potentielle Versicherungsnehmer über die verschiedenen Möglichkeiten, das Todesfallrisiko zu versichern, aufgeklärt werden. Angesichts dessen, daß in der Werbung des Klägers und seiner Mitgliedsunternehmen die Lebensversicherung zur Altersversorgung im Vordergrund steht, besteht ein Aufklärungsbedürfnis über die Versicherungsart Risiko-Lebensversicherung ... Die Aussagen in der Broschüre zum Thema Risiko-Lebensversicherung und Lebensversicherung zur Altersversorgung ergeben, daß die Beklagten einen Vergleich zwischen diesen Versicherungsarten vornehmen und im Interesse der Verbraucher – als für diese günstiger – den Abschluß von Risiko-Lebensversicherungen empfehlen.«

Spätestens an diesem Punkt der Urteilsbegründung wird ein Großteil der Leser schon nicht mehr folgen können und sich fragen: Was ist eine Risiko-Lebensversicherung? Damit sind wir beim eigentlichen Problem der Verbraucher im Versicherungswesen, das keineswegs die Frage nach dem Versichern ist. Auf diese Frage ist – wie bereits festgestellt – die einzig richtige Antwort: Lebensversicherung – ja! Das Kernproblem der Verbraucher im Bereich der Lebensversicherung ist die Frage: »Welche Lebensversicherung?« Ein reines Informationsproblem, denn tatsächlich gibt es nicht nur die eine Lebensversicherung, die schon Vater und Großvater hatten, sondern es gibt viele Arten der Familienversorgung und eine Vielzahl von Möglichkeiten der Altersversorgung – ohne die ›Nur-die-Lebensversicherung‹. Diese Alternativen werden aber von der Lobby und den Versicherungsvertretern verschwiegen. Das Verschweigen günstigerer Möglichkeiten der Familien- und Altersversorgung wird wesentlich erleichtert durch eine überraschende Grundhaltung der Bürger, die von Demoskopen bei Umfragen festgestellt wurde.

Die Meinung der Verbraucher: Versichern – ja, aber ... informieren – nein, danke

Die Meinung ›Versichern – ja‹ teilen achtzig Prozent der Befragten. Sie halten Versicherung für dringend notwendig und würden darauf nicht einmal in finanziell schwierigen Zeiten verzichten. Aber nur fünf Prozent aller Befragten haben ›Lust, sich über Versicherungen zu informieren‹. In einer Studie des Meinungsforschungsinstituts Allensbach, erstellt im Auftrag der Versicherungsunternehmen, heißt es dazu weiter: »Für die Mehrheit sind Versicherungen ein Thema, mit dem man sich nur unter dem Zwang einer anstehenden Entscheidung beschäftigt. In der vorliegenden Untersuchung beschreiben sich achtzig Prozent der Befragten als jemanden, der mit Versicherungen am liebsten nicht viel zu tun hat, außer wenn es unbedingt nötig ist.«

Die Verbrauchereinstellung ›Lebensversicherung – ja, aber keine Lust zur Information‹ und die ›schwindelerregenden‹ Kapitalmengen sind – theoretisch – günstige Voraussetzungen für einen legalen Betrug. Tatsächlich wurde dieser legale Betrug schon vor etwa 150 Jahren begründet, als clevere Geschäftemacher auf die Idee kamen, mit der Liebe und Hilflosigkeit der Bürger ihr raffiniertes Geschäft zu machen.

Die Vorgeschichte ist schnell erzählt: Seit die Lebewesen Instinkte haben, gibt es ›Versicherung‹. Das Leben in Rudeln ist die Urform einer Absicherung. Die Sippe oder Großfamilie war und ist in einigen Regionen noch heute eine Art Vorsorge für künftige Schicksalsschläge. Wer sich nicht mehr selbst helfen konnte, wurde von anderen versorgt. Diese aktive gegenseitige Hilfe nach einem Schicksalsschlag wurde später durch die Bereitstellung von Geld vor dem möglichen Unglücksfall ersetzt. Wer dann durch den Tod des Ernährers oder Invalidität in finanzielle Schwierigkeiten geriet, erhielt Unterstützung aus einer ›Kasse‹, in die alle Mitglieder ihren Beitrag einzahlten. Solche Versichertengemeinschaften verwalteten ihr Geld selbst und brauchten keine Gesellschaft, die dieses für sie tat. Die Versicherten waren selbst das Versicherungsunternehmen – ein Versicherungsverein. Bis vor etwa 150 Jahren versicherte man sich tatsächlich fast ausschließlich über solche Vereine, die es auch heute noch gibt. In Japan wird die Lebensversicherung nahezu ausschließlich in dieser Form betrieben.

Das Kapital, das sich bei den Versicherungsvereinen in beachtlichem Umfang ansammelte, war natürlich so manchem ein Dorn im Auge. So dachten sich findige Kaufleute – in Lehrbüchern auch als ›skrupellose Geschäftemacher‹ bezeichnet – Anfang bis Mitte des vorigen Jahrhunderts ein raffiniertes Vertragsgebilde aus, um unter dem Deckmantel Versicherung und karitativer Humanität möglichst viel dieses Geldes in ihre Gewalt zu bekommen: Sie gründeten Aktiengesellschaften, behaupteten, wie die Versicherungsvereine Versicherung herstellen und sogar ›verkaufen‹ zu können, und versprachen einem Versicherten gegen Zahlung einer Prämie die Auszahlung einer bestimmten Summe im Falle seines Todes an die Hinterbliebenen.

Dabei erkannte niemand, daß hier den Versicherten eine unmögliche Leistung verkauft wurde – im Grunde ihre eigene Leistung; denn kein anderer kann Versicherung herstellen als die Versicherten selbst. So kann Lebensversicherung nicht anders funktionieren, als daß eine Versichertengemeinschaft Geld bereitstellt für die Zahlungen an Hinterbliebene und Invaliden. Wie sollen Aktionäre diese gemeinschaftliche Geldbereitstellung herstellen und verkaufen können? Sie können zwar die Versichertengemeinschaft organisieren, das Geld kassieren und verteilen. Das ist aber auch alles; denn die an die Hinterbliebenen gezahlte Versicherungsleistung stammt aus den Beiträgen der Versicherten (woher denn sonst?).

Rundschau

der

Versicherungen

oder

Sammlung von Rechnungsabschlüssen, Statuten, theoretischen und praktischen Fragen, Gesetzen, Verordnungen, Gutachten, Tarifen und allen das Versicherungswesen berührenden Gegenständen.

Die Lebensversicherung ist bedeutsam in staatlicher Beziehung,

1. weil sie einen Hauptfactor der sittlichen Bildung des Volkes bildet: sie schlingt das Band der Liebe um die Glieder einer Familie, sie trägt den Geist der Ordnung und Sparsamkeit in die Familien, sie hält die Versicherten von ausschweifender Lebensweise ab, sie hält von dem Verbrechen des Selbstmordes zurück,

2. weil sie den Nationalwohlstand hebt und einen Damm gegen die wachsende Fluth des Proletariats bildet; kleine Ersparnisse werden zinstragend angelegt und wachsen zu grossen Summen an, ein versicherter Familienvater hinterläßt die Seinen nicht als Vermächtnis für die Armenkasse, die Mildthätigkeit Wohlhabender wird sich darauf richten, das Fortbestehen der Versicherungen aus den ärmern Klassen zu sichern, die Lebensversicherung ist das beste und bequemste Mittel, Wohltätigkeitsanstalten grosse Capitalien zuzuwenden.

Auszug aus E. A. Masius
Rundschau der Versicherungen
Jahrgang VIII., Leipzig 1858

Die Absicht der ›skrupellosen Geschäftemacher‹ war eigentlich sehr durchsichtig. Sie wollten überkalkulierte Prämien kassieren und die Überschüsse aus der Versicherung, also aus der Leistung der Versicherten, als ihren Gewinn absahnen. Es kommt aber noch schlimmer: Die Überschüsse aus der reinen Lebensversicherung – die Differenz zwischen kassierten Prämien und den Auszahlungen – waren den findigen Kaufleuten zu wenig. Ihre Idee war deshalb, mit der Lebensversicherung einen Sparvorgang zu verbinden, der zehnmal mehr Geld einbrachte als die reine Lebensversicherung. Mit dem Versprechen, dem Versicherten bei Ablauf der Versicherung sein Geld zurückzuzahlen, ließ sich diese neue Form der Lebensversicherung auch noch viel leichter verkaufen. Das Beste an dieser Idee war allerdings, daß die beiden Vorgänge Lebensversicherung und Sparen untrennbar miteinander vermengt wurden. Die Versicherten zahlten – wie bei den Versicherungsvereinen – weiterhin eine einheitliche Prämie und konnten nicht erkennen, was damit eigentlich geschah, welches Geld sie für die Auszahlungen an Hinterbliebene bereitstellen mußten, wieviel sie zu welchen Konditionen ansparten und was sie eigentlich für die Dienstleistungen der Gesellschaften bezahlten.

Ziel der raffinierten – eigentlich unmöglichen – Vertragsgestaltung war, daß es letztlich den Gesellschaften und ihren Aktionären überlassen blieb, wieviel fremdes Geld sie für die Verwaltung verschwendeten und wieviel sie sich davon – selbst nach schlechtem Wirtschaften – als Gewinn in die eigene Tasche steckten.

»Wir müssen der Versuchung widerstehen,
immer alles mit allem zu vermengen,
so lange, bis niemand mehr weiß,
für was von wem für wen bezahlt wird.«

(Dr. Norbert Blüm, Bundesarbeitsminister)

Kein Anspruch der Versicherten auf Gewinnbeteiligung

Viel anders als vor hundert Jahren funktioniert die Kapital-Lebensversicherung auch heute nicht. So weiß der Versicherte nicht, was eigentlich mit seinen Beiträgen geschieht. Und er hat tatsächlich nur einen gesicherten Anspruch auf Rückzahlung seiner Beiträge bei Ablauf der Versicherung. Der Bundesgerichtshof hat fünf Tage nach dem Hamburger Urteil über den ›legalen Betrug‹ am 8. Juni 1983 eine aufsehenerregende Entscheidung über die Rechte eines Lebensversicherten gefällt (NJW 84, 55). Die Urteilsbegründung bestätigt, daß der Vertrag über eine Kapital-Lebensversicherung so gestaltet ist, daß der Versicherungsnehmer im ungünstigsten Fall nur die fest vereinbarte Versicherungssumme – also in etwa seine eingezahlten Beiträge – zurückerhält, aber keine Gewinnbeteiligung. Was mit den Zinsen aus der Anlage des Versichertengeldes und den Beitragsüberschüssen geschehe, ob diese für Kosten verbraucht, als Unternehmensgewinne vereinnahmt, den Aktionären als Dividende ausgezahlt oder aber den Versicherten als Gewinnbeteiligung gutgebracht würden, sei weitgehend eine ›unternehmerische Entscheidung‹ des Unternehmensvorstandes. (Ein empörter Bürger aus Köln zu diesem Urteil: »Da ich selbst drei Lebensversicherungen in 1982 abgeschlossen habe und auf den genannten ›ungünstigsten Fall‹ nicht hingewiesen wurde, halte ich die Verträge für rechtswidrig und anfechtbar wegen arglistiger Täuschung. Es kann doch wohl nicht sein, daß der Bundesgerichtshof hier einen Betrug legalisiert.«)

Wer dieses weiß und sich diese Vertragsgestaltung genau vorstellt, hat selbst schuld, wenn er dann noch eine Kapital-Lebensversicherung abschließt. Ein Beispiel: Der Lebensversicherte zahlt seinen ersten Jahresbeitrag von 1400 DM. Die Gesellschaft benötigt weit weniger als zehn Prozent davon – vielleicht 100 DM – für Auszahlungen bei vorzeitigen Sterbefällen. Den Rest, also 1300 DM, könnte sie theoretisch fast dreißig Jahre lang anlegen und daraus über 10 000 DM erwirtschaften. Der Versicherte zahlt seinen zweiten Jahresbeitrag. Die Gesellschaft benötigt wiederum nur etwa 100 DM davon für vorzeitige Sterbefälle. Wieder bleibt ein Rest von 1300 DM, den die Gesellschaft jetzt ein Jahr weniger als den ersten Beitrag anlegen kann, aber noch lange genug, um – theoretisch – weitere 10 000 DM daraus zu erwirtschaften. Und so geht das Geschäft weiter – Jahr für Jahr weitere 1300 DM für die restliche Vertragslaufzeit zur Anlage und weitgehend freien Verfügung. Wer jährlich 1300 DM zu acht Prozent Zinsen anlegt, hat nach dreißig Jahren etwa 160 000 DM. Beim Lebensversicherungsvertrag besteht aber am Ende nur die Verpflichtung, dem Versicherten das eingezahlte Geld – also rund 40 000 DM – zurückzugeben.

Dieses Geschäft begreift man am ehesten, wenn man sich selbst in die Lage des Vorstandes einer Lebensversicherungsgesellschaft versetzt: Stellen Sie sich also vor, Sie erhalten über dreißig Jahre lang von Hunderttausenden von Menschen jährlich eine Milliarde DM, insgesamt also dreißig Milliarden, müssen weniger als zehn Prozent davon auszahlen und sind vertraglich nur verpflichtet, den Vertragspartnern irgendwann einmal ihr eingezahltes Geld wiederzugeben. Nur eine Zahl, um Ihre Milliardenträume zu unterstützen: Um dreißig Milliarden DM nach dreißig Jahren zurückzahlen zu können, braucht man jährlich nur 250 Millionen DM über dreißig Jahre zu acht Prozent Zinsen anzulegen (kann also jedes Jahr 750 Millionen von der erhaltenden Milliarde ausgeben oder Teile davon in die eigene Tasche stecken). Tatsächlich hat sich bei allen deutschen Lebensversicherungsunternehmen bis heute ein Vermögen von über 400 Milliarden DM Buchwert angesammelt, das aber tatsächlich auf weit über 500 Milliarden DM zu schätzen ist, weil ›uralter‹ Grundbesitz und viele andere Kapitalanlagen in den Bilanzen völlig unterbewertet sind. »Wenn das Geschäft so weiterläuft wie bisher«, bekennt ein

Anlageexperte der Assekuranz, »dann kommt uns das Geld bald zu den Ohren raus« (*Der Spiegel,* 21/83).

Die Reaktion des Generaldirektors der Nordstern, die das Urteil beim Bundesgerichtshof erstritten hatte, in einem Fernsehinterview: »Das ist ein Sieg. Und ich freue mich über diesen Sieg. Das ist eine natürliche Freude, die ich darüber empfinde, daß unsere Rechtsauffassung bestätigt worden ist.« Und auch die Branche freute sich, daß nun eine »Unsicherheit der Rechtslage auch im Interesse der Versicherten beseitigt« worden sei. Sie reagierte auf das Urteil prompt in der Weise, daß sie ihre Werbung änderte: Der Slogan ›Sicherheit mit Dividende‹ wurde gestrichen, ebenso Versprechungen wie ›hohe Rendite und Gewinnbeteiligung‹ oder ›treuhänderische Verwaltung von Geldern der Versicherten‹.

Die Situation ist zunächst einmal klargestellt: Mit der Unterschrift unter einen Lebensversicherungsvertrag werden die Lebensversicherten weitgehend entrechtet und mit jeder Beitragszahlung enteignet. So sind 50 Millionen Kapital-Lebensversicherungen wie Millionen Schläuche in die Portemonnaies aller Haushalte unseres Landes, mit denen die Lebensversicherungsgesellschaften Jahr für Jahr Milliarden von DM aus privaten Vermögen absaugen.

Nun bedeutet dieses alles nicht, daß die Versicherten keine Gewinnbeteiligung mehr erhalten. Nur garantiert ist sie nicht. Das bedeutet aber, daß die Gesellschaften quasi beliebig über die ihnen eigentlich nur anvertrauten Gelder und deren Überschüsse verfügen können. Bei einer solchen Vertragsgestaltung sind der Veruntreuung Tür und Tor geöffnet. Das erkannte schon vor mehr als 100 Jahren der Amerikaner Elizur Wright, der 1877 in seinem Buch ›Fallen – geködert mit Waisenkindern‹ schrieb: »Da in der Lebensversicherung Dinge miteinander vermengt sind, die getrennt werden sollten, und weil das Wissen darüber, was bei einem solchen Vertrag eigentlich vor sich geht, nur auf einer Seite vorhanden ist, und weil dadurch die Möglichkeit des Schwindels bei Lebensversicherungen so groß ist, muß man sich fragen, ob Lebensversicherungen jemals mit einem gewissen Grad von Ehrlichkeit betrieben werden.«

Alle Welt seit mehr als 100 Jahren ›verschaukelt‹

Mehr als hundert Jahre später muß sich jeder fragen, wie sich dieses frühkapitalistische und kaum mit Ehrlichkeit betriebene Geschäft bis heute halten konnte. Die Antwort ist einfach: Wer das Geld hat, hat die Macht. Und was der Bürger nicht weiß, das macht ihn nicht heiß. Diese beiden Weisheiten sind die Grundlagen des unvorstellbar einträglichen Milliarden-Geschäfts der Lebensversicherungsgesellschaften. Mit Geld kann man Wissenschaftler kaufen und mit deren Hilfe Regierungen dazu bringen, unvollkommene Gesetze zu machen, welche die hauseigenen Professoren dann wiederum im Sinne der Unternehmen auslegen. Eine staatliche Aufsichtsbehörde – mit entsprechend ahnungslosen Beamten besetzt – kann dabei nicht schaden. Im Gegenteil. Sie liefert ein hervorragendes Alibi. Alles in allem: Mit (fremdem) Geld kann man einem Vorgang, der Züge von Betrug und Veruntreuung in sich birgt, den Anschein von Legalität verschaffen – durch honorige Feigenblätter.

Der Wirtschaftsjournalist Dieter Kampe nannte in einem lesenswerten Artikel der Zeitschrift *Transatlantik* (2/84) das Versicherungswesen eine mit Filz, Geld und Paragraphen verkleisterte Materie und begann seinen ›Bericht über todsichere Geschäfte‹ mit den Worten: »Du kannst einige Leute ewig verschaukeln, du kannst auch alle Leute für einige Zeit verschaukeln – aber du kannst nicht alle Leute ewig verschaukeln. Heißt es. Doch das kommt wohl auf die Spielregeln an. Und auf die Partner. Beispiel: Man nehme eine bedeutende Wirtschaftsbranche, ein paar Politiker, einige Wissenschaftler, ein staatliches Amt. Und dann ... ach was, sprechen wir doch konkret von der Versicherungsbranche.« – Mit der Kapital-Lebensversicherung hat die Lobby gemeinsam mit ihren Professoren tatsächlich alle Bürger und viele Politiker, Beamte, neutrale Wissenschaftler und Journalisten verschaukelt – und das seit mehr als 100 Jahren.

Die Lobby, einschließlich ihrer Wissenschaftler – ja sogar um ihre Autorität besorgte, verschaukelte Beamte – versuchen nun, eine immer stärker aufkommende Kritik zu verniedlichen und stellen den Autor dieses Buches (gleichzeitig Geschäftsführer im Vorstand des Bundes der Versicherten) gerne als den einzigen und deshalb nicht ernstzunehmenden Kritiker dar. Zum Beweis des Gegenteils werden in den folgenden Kapiteln besonders viele Zitate verwendet.

So der *Stern* am 25. 4. 1983: »Mit der Ansicht, daß es im Versicherungswesen nicht immer mit rechten Dingen zugeht, steht der Bund der Versicherten nicht allein. So üben etwa Wirtschaftswissenschaftler der Universität Mainz unter Leitung von Professor Helmut Diederich massive Kritik in einem Gutachten. Sie vergleichen den Abschluß einer Lebensversicherung mit dem Kauf einer Ware, deren Güte die Bürger ›kaum beurteilen können und deren Preis ihnen unbekannt ist‹. Die Arbeitsgemeinschaft der Verbraucher bezeichnet die als Geldanlage abgeschlossene Lebensversicherungs-Police als ›eine Art Glücksspiel‹. Gewinner seien immer die Versicherungsgesellschaften, die dank des enormen ›Wissensdefizits‹ der Kunden ›bislang in einer Oase der Ruhe profitabel dahinwirtschaften konnten‹ ... Für den Frankfurter Wirtschaftsprofessor Klaus-Thomas Krycha erfüllt solch ein Umgang mit dem Geld der Versicherten den objektiven Tatbestand der Veruntreuung.«

Was hier ein Wissenschaftler als objektiven Tatbestand der Veruntreuung bezeichnet, wird im Behördendeutsch der Bundestags-Drucksache 9/1493 als Möglichkeit beschrieben, daß Lebensversicherungsunternehmen »ihre unternehmerischen Verluste zu Lasten der Versicherten voll saldieren können«.

Zeitschriften – insbesondere *Capital, Der Spiegel, Stern* und *Wirtschaftswoche* – erheben seit Jahren heftige Vorwürfe gegen die Lebensversicherungsbranche. So *Capital* im Oktober 1979: »Vier akute Mißstände, das bestätigen amtliche Unterlagen und Capital-Recherchen in aller Deutlichkeit, bestehen derzeit in der deutschen Lebensversicherung:

- Jede vierte Gesellschaft müßte eigentlich von Amts wegen geschlossen werden, weil sie ihre Versicherten in einem nicht mehr zu rechtfertigenden kläglichen Umfang an den Überschüssen beteiligt.
- Nicht sichergestellt ist, daß den Versicherten die stillen Reserven ihres Treuhandvermögens gehören.
- Die Branche jongliert gegenüber ihren Kunden mit Hochrechnungen in die Zukunft, die suspekt sind.
- Das Provisionssystem der Lebensversicherung animiert vor allem Berufsanfänger unter den Vertretern zu mangelnder Kundenberatung und gelegentlich auch zu Unredlichkeiten.«

So die *Süddeutsche Zeitung* im Jahre 1982 (Nr. 184): »Unmut schärft den Blick. Nach Jahrzehnten offenbar blinden Vertrauens regt sich des Kunden Widerstand. Nicht von ungefähr geht das Geschäft der Lebensversicherungen zurück, nicht von ungefähr kündigen immer mehr Policenzahler ihre Verträge. Der Staat selbst sorgt für paradiesische Zustände, die für Unternehmen der Assekuranz Möglichkeiten garantieren, wie sie sonst nur in Bananenrepubliken anzutreffen sind. Immerhin darf hierzulande behauptet werden, eine Lebensversicherung sei nach den bisherigen Erfahrungen in der Bundesrepublik der legale Betrug.«

Dabei ist die Kapital-Lebensversicherung nicht nur in der Bundesrepublik, sondern weltweit heftiger Kritik ausgesetzt. In den USA gibt es Bücher mit den Titeln ›Wie ein Dieb in der Nacht‹, ›Die Lebensversicherungs-Verschwörung‹, ›Der große amerikanische Versicherungsbluff‹, ›Wie Dich Deine Lebensversicherungspolicen ausrauben‹. In einer Anhörung im US-Kongreß verwendeten Professoren und Verbraucheranwälte Bezeichnungen wie ›nationaler Skandal‹ und ›Verbraucherbetrug‹.

Der Spiegel schreibt im Jahre 1981 (Nr. 19) in einem Artikel ›Wie in einer Bananenrepublik‹: »Mit großem Geschick haben die Lebensversicherer es bisher verstanden, jede Kritik an ihrem Geschäftsgebaren zu verniedlichen oder abzuwürgen. Auf grundsätzliche Auseinandersetzungen haben sie sich nie eingelassen. Und von den Wissenschaftlern sind kritische Töne kaum zu erwarten. Die Experten an den Instituten sind hinreichend mit Gutachten für die Unternehmen und mit ihrer Arbeit in den Aufsichtsräten der Versicherungs-Aktiengesellschaften ausgelastet. So ist etwa Professor Reimer Schmidt, Mitverfasser zum Kommentar des Versicherungsaufsicht-Gesetzes, unter anderem Vorstandschef der Aachener und Münchener Beteiligungs AG und sitzt im Aufsichtsrat von 14 Assekuranzunternehmen. Professor Helten, Direktor des Instituts für Versicherungswissenschaft an der Universität Mannheim, arbeitet in vier Aufsichtsräten, darunter der Berlinischen Lebensversicherung AG. Sein Kölner Kollege Dieter Farny ist Aufsichtsratsmitglied bei der Gothaer Rückversicherungs AG und der Gothaer Versicherungsbank.«

Über den Stand der deutschen Versicherungswissenschaft schreibt Professor Schmidt-Rimpler, daß sie – ohne eine herrschende Meinung hervorgebracht zu haben – ihren Theorienstreit einem ›Friedhofsende‹ zugeführt habe. Das Brancheninformationsblatt *assekuranz intern* folgerte daraus am 14. 4. 1983: »Bei bösartiger Wertung dieser Sachverhalte könnte man zu dem Verdacht kommen, daß ein Machtfaktor, wie die Versicherungsunternehmen ihn in der deutschen Wirtschaft nun einmal darstellen, die Wissenschaft und die Fachpresse so im Griff hat, daß von daher eine Beeinflussung der Rechtsprechung in einem den Unternehmen genehmen Sinn möglich wird.«

In diesem Zusammenhang ist interessant, wie die Versicherungsverbände und Unternehmen einen Lehrstuhl ›Versicherungswissenschaft‹ an der Universität Karlsruhe – in der Nähe des Bundesgerichtshofes und des Bundesverfassungsgerichts – eingerichtet haben. Durch die Zurverfügungstellung der finanziellen Mittel für die Aufbauphase erreichte man, daß der Generaldirektor der Karlsruher Lebensversicherungs AG, gleichzeitig Präsident des Verbandes der Lebensversicherungsunternehmen, zum Professor und Lehrstuhlinhaber ernannt wurde und der Generaldirektor der Allianz Lebensversicherungs AG einen Ehrendoktortitel erhielt. Wenn dieser Lehrstuhl in absehbarer Zeit fest in den Händen und auf der Linie der Lobby ist, wird die weitere Finanzierung dem Steuerzahler überlassen.

Warum greift der Staat nicht ein? Warum sollte er (wie die *Süddeutsche Zeitung* schrieb) den Gesellschaften »paradiesische Zustände« verschaffen? Das widerspricht völlig den Motiven zur Schaffung einer staatlichen Versicherungsaufsicht, die zur Jahrhundertwende so dargestellt wurden: »Bei langfristigen Versicherungen vertraut der Versicherungsnehmer für Jahrzehnte seine oft nur unter den empfindlichsten Entbehrungen erzielten Ersparnisse der Anstalt in der Zuversicht an, daß redlich dem Versicherungszweck entsprechend geschaltet wird. Der Staat hat ein lebhaftes Interesse daran, dieses Vertrauen zu schützen.«

Doch leider hat der Staat auch andere Interessen. Er ist nämlich an den wirtschaftlichen Vorteilen der Lebensversicherungsunternehmen gleich zweifach beteiligt – als Steuergläubiger von 60 Prozent der Gewinne und als Kreditnehmer von 70 Milliarden DM. Das kann schon Beziehungen und Abhängigkeiten schaffen. So die *Zeitschrift für Versicherungswesen* (11 und 12/81): »Staatssekretär Böhme aus dem Bundesfinanzministerium hatte den Lebensversicherern so viel Positives zu sagen, daß die zur Schau gestellte Gemeinsamkeit schon fast peinlich wirkte ... Das klang nach Komplicenschaft zwischen öffentlicher Hand und Versicherer. Über weite Strecken vermittelte der Vortrag des Staatssekretärs den Eindruck, hier stehe ein in finanziellen Schwierigkeiten befindlicher Schuldner vor seiner Gläubigerversammlung und versuche, gut Wetter zu machen. Die Lebensversicherer sind in einem solchen Maße Finanziers der öffentlichen Hand geworden, daß jeder Finanzminister daran interessiert sein muß, das Anwachsen der finanziellen Verfügungsmasse bei den Lebensversicherern nicht zu stoppen.« (Und der Bundesfinanzminister ist – dem Bundesaufsichtsamt übergeordnet – der höchste Aufseher über die Lebensversicherungsunternehmen!) – »Fast konnte man denken, es bestehe ein heimliches Komplott zwischen Fiskus und Lebensversicherer. Die einen beschaffen über langfristige Versicherungsverträge das Kapital, und die anderen bedienen sich daraus. Eine Vermögensanlage, wie sie die Lebensversicherer betreiben, können die Versicherten auch selbst machen.«

Das *Handelsblatt* schreibt in seiner Ausgabe vom 1. 11. 1982: »Die Lebensversicherer finanzieren den Staat. – Die wichtigsten Kreditgeber des Staates sind nach den Banken und Sparkassen die Lebensversicherer: fast 70 Milliarden DM haben die Gesellschaften der öffentlichen Hand geliehen. Als langfristige Darlehen stopft das Geld die Haushaltslöcher von Bund, Ländern und Gemeinden. Durchschnittliche Verzinsung: 7,5%.«

Capital (12/83) kommentiert unter der Überschrift ›Kundenschutz in der deutschen Lebensversicherung – Entwicklungsland‹: »In der Tat ist es erstaunlich, was der Staat der Lebensversicherungsbranche alles zugesteht. ›Legalen Betrug‹ wirft Hans Dieter Meyer vom Bund der Versicherten der Lebensversicherungsbranche vor. Das Lebensversicherungsgeschäft läßt sich noch trefflicher qualifizieren. Dank der hohen verordneten Gewinne und der Steuersubventionen kommt die Erlaubnis zum Betrieb einer Lebensversicherung der staatlichen Konzession gleich, sich Geld selber drucken zu dürfen.«

Hans-Jochen Vogel im Jahre 1979 als Bundesminister der Justiz: »Die Versicherungsunternehmen und der Gesamtverband leben seit langem mit meinem Hause in friedlicher Koexistenz.« Hans Apel im Jahre 1977 als Bundesminister der Finanzen (dem Versicherungs-Aufsichtsamt übergeordnet): »Staat und Versicherungswirtschaft sind in den hinter uns liegenden Jahren recht gut miteinander ausgekommen. Es könnte übrigens bei Dritten der Verdacht aufkommen, daß hier Verständnis zu Lasten der Versicherten geschaffen werde.«

Wen wundert da noch die Feststellung in dem Regierungsgutachten von Prof. Diederich aus dem Jahre 1982 über das dem Bundesfinanzminister unterstellte Bundesaufsichtsamt für das Versicherungswesen: »Angesichts der über Jahre hinweg auch vom Aufsichtsamt selbst als unzureichend angesehenen Beitragsrückerstattung mancher Lebensversicherungsunternehmen ist es unverständlich und aus verbraucherpolitischer Sicht zu beanstanden, daß die dem Bundesaufsichtsamt (BAV) zur Verfügung stehenden Eingriffsmittel nicht dazu eingesetzt wurden, diese Mißstände zu beheben.« Auch das Bundeskartellamt übt neuerdings heftige Kritik am Aufsichtsamt. So schrieb die *Süddeutsche* am 28. 1. 1985: »Das Bundeskartellamt will dem Wettbewerb in der Versicherungswirtschaft auf die Sprünge helfen und gleichzeitig für mehr Verbraucherschutz sorgen. Das Bundesaufsichtsamt gehe mit der Branche, die es zu überwachen hat, mehr als kollegial um.«

Das Aufsichtsamt gab nach dem Urteil über den ›legalen Betrug‹ folgende ›kollegiale‹ Presseerklärung heraus: »Um einer möglichen Verunsicherung in der Öffentlichkeit vorzubeugen, weist das Bundesaufsichtsamt auf folgendes hin: Das Bundesaufsichtsamt für das Versicherungswesen ist als Einrichtung zum Schutze der Versicherten geschaffen worden. Es überwacht daher auch die Geschäfte der Lebensversicherungsunternehmen. Es genehmigt die Allgemeinen Versicherungsbedingungen und Tarife, überprüft die Kosten, überwacht die Kapitalanlagen und sorgt dafür, daß die versprochenen Versicherungsleistungen voll erbracht werden. Der Vorwurf, Lebensversicherung sei legaler Betrug, ist daher ungeheuerlich. Niemand sollte sich durch diese Behauptung irreführen und dazu verleiten lassen, seine bestehende Lebensversicherung aufzulösen oder vom beabsichtigten Abschluß einer Lebensversicherung Abstand zu nehmen.« (Kommentar der *Frankfurter Rundschau* vom 9. 6. 83: »Ist das nicht rührend? Da sorgt sich doch tatsächlich eine Behörde darum, daß die Geschäfte einer Branche, die sie zu kontrollieren hat, immer schön weiterlaufen und bloß nicht durch verirrte Kritiker oder tumbe Richter gestört werden. So viel Feingefühl wünscht man sich in jeder deutschen Amtsstube.«)

Der Bundestagsabgeordnete Uwe Jens fand für das Verhältnis der Aufsichtsbehörde zur beaufsichtigten Branche den treffenden Ausdruck »geistige Verbrüderung« (*Der Spiegel*, 22/82).

Die Bürger sollten auch wissen, wo Leute bleiben, die einmal die Verantwortung für das Versicherungswesen trugen und dieses zu beaufsichtigen hatten. Der Vorgänger des jetzigen Präsidenten des Bundesaufsichtsamtes ist im Jahre 1981 von einem Tag auf den anderen vom Präsidentensessel der Aufsichtsbehörde auf den Generaldirektorsessel eines Versicherungsunternehmens gesprungen. Der Ministerialdirektor Klemens Wesselkock vom Bundesfinanzministerium (dem Aufsichtsamt übergeordnet) tat es ihm im August 1984 gleich und wurde Generaldirektor der Hamburg-Mannheimer Lebensversicherungs AG.

Unzählige Schreiben des Bundes der Versicherten an das Bundesaufsichtsamt und das Bundesfinanzministerium mit Hinweisen auf Mißstände im Bereich des Lebensversicherungssparens sind nicht ein einziges Mal beantwortet worden. Wen wundert's noch?!

Das Informationsproblem der Verbraucher

Die Bürger sind allein gelassen – darum informiere und rette sich, wer kann

Die Bürger sind also mit ihren Problemen allein gelassen. Gesellschaften und Vertreter informieren nicht und verschweigen vieles. »Den etablierten Organisationen, allen voran der Arbeitsgemeinschaft der Verbraucher (AgV), ist es bis heute nicht so recht gelungen, den Versicherungsmarkt für den einfachen Bürger transparent zu machen« (*Die Zeit,* 17. 6. 83). Die Zeitschrift *test* beginnt einen Artikel über Lebensversicherungen – wie in einem Werbeprospekt – mit der fettgedruckten Empfehlung ›Früh anzufangen lohnt sich‹ und stellt in einer anderen Ausgabe den Abschluß von Kapital-Lebensversicherungen als scheinbar beste Möglichkeit der Finanzierung von Grundbesitz dar, die aber – außer bei vermietetem Grundbesitz – nicht unbedingt zu empfehlen ist. Anzeigenblätter (dazu kann man manche Zeitung und Zeitschrift rechnen) stehen unter dem Druck der Anzeigenabteilungen, die von der Versicherungsbranche jährlich Aufträge in Millionenhöhe erhalten. Und auch hier wechseln Journalisten zwischen den Marketingabteilungen von Versicherungsgesellschaften und den Medien hin und her.

Die Medien übernehmen oft von der Lobby verfaßte Artikel, die schwarz auf weiß Lügen enthalten – so eindeutig falsche Berechnungen zur Rendite der Kapital-Lebensversicherung oder zur Lebensversicherungshypothek. Und das Massenmedium Fernsehen hat sich bisher ausgeschwiegen – trotz jährlicher Versicherungsprämien der Bundesbürger von über 120 Milliarden DM. Oder haben Sie schon einen ›Ratgeber Versicherung‹ oder so etwas Ähnliches gesehen? Dabei ist Schweigen noch nicht einmal die schlimmste Mediensünde. Schlimmer ist die meist ahnungslose, oft sogar bewußte Übernahme von Lobby-Positionen und die dadurch verursachte Falschinformation und Verunsicherung der Öffentlichkeit.

Kein Wunder, daß für den Bürger – trotz vielfacher Kritik und Mißtrauen – die Versicherungswelt noch weitgehend in Ordnung schien. Die durch Filz, Geld und Paragraphen verkleisterte Wirklichkeit sieht leider völlig anders aus. Doch daran kann der einzelne nichts ändern. Er muß auf die Hilfe der Gerichte und mutiger Wissenschaftler vertrauen, die endlich dem Irrglauben vom Versicherungs-Verkaufen und der unkontrollierbaren Geldvermengung in der Lebensversicherung ein Ende bereiten. Gegen diese Systemfehler sind seit 1982 – bis heute schon mit ersten praktischen Erfolgen und gewissen Einflüssen auf die Wissenschaft – die Mitglieder des Bundes der Versicherten (Seite 174) auss Hamburg angetreten. Da eine wirkliche Reform aber sicher noch Jahre auf sich warten läßt, sollte der einzelne etwas dagegen tun, daß er bis dahin nicht Opfer der bestehenden Mißstände wird oder bleibt. Kein Verbraucher ist hilflos, wenn er seinen Verstand einschaltet, Versicherungsvertreter weitgehend meidet und sich zunächst einmal selbst informiert. Es gibt viele Alternativen, sich vernünftig zu versichern und dabei dem ›legalen Betrug‹ – solange er noch existiert – zu entgehen.

Aber hier steht man vor dem Phänomen ›Versicherung – ja; aber informieren – nein, danke‹, das um so unerklärlicher ist, als die Bürger bei Umfragen häufig von Unsicherheit und Mißtrauen zeugende Meinungen geäußert haben – wie zum Beispiel, daß die Unternehmen nur auf das Geld der Versicherten aus seien und dieses verschwendeten. Zwei Drittel der Befragten waren außerdem der Meinung, daß Beitragsüberschüsse nicht in ausreichendem Maße an die Versicherten zurückgezahlt würden. Und auch der Versicherungsvertreter schneidet im Meinungsbild der Bevölkerung schlecht ab; denn es heißt in der Untersuchung: »Zwölf Prozent der Bürger sind der Meinung, daß Versicherungsvertreter nichts verschweigen und auf eventuelle Nachteile beim Abschluß einer Versicherung aufmerksam machen.« Umgekehrt bedeutet das, daß 88 Prozent der Bevölkerung nicht ausschließen, daß Vertreter viel verschweigen und den Kunden nicht auf Nachteile aufmerksam machen. So gesehen glauben achtzig Prozent der Bürger außerdem, daß Vertreter falsche Auskünfte geben, einen Interessenten zum Abschluß drängen und sich nicht nach seinen speziellen Bedürfnissen richten.

Alles in allem erscheint die Vermutung gerechtfertigt, daß sich die Bürger selbst informieren und nicht ohne weiteres über einen Vertreter versichern möchten. Tatsächlich werden aber fast alle Versicherungsverträge über Vertreter abgeschlossen, ohne daß sich der Versicherte vorher selbst das erforderliche Wissen verschafft hat. Der Vertreter ist und bleibt so die erste, einzige und damit auch letzte Informationsquelle. Genau das aber ist das strategische Ziel der Unternehmen. So die Verbandszeitung *Versicherungswirtschaft* im Jahre 1983 zur Rolle des Versicherungsvertreters: »Zu seiner Aufgabe gehört es, *erste* Informationen über die Versicherungen zu vermitteln.« Und zusammen mit der Grundregel jeder Vertreterschulung ›Die Unterschrift muß beim ersten Besuch fallen‹ ergibt sich die fatale Gleichung: Nullwissen + erste und einzige Information durch einen Vertreter = Nullwissen.

Damit wären wir beim Hauptfehler in unserer derzeitigen Versicherungspraxis. Ein großer Teil der Bürger unterschreibt einen Vertrag, ohne daß er gefragt und Antworten erhalten hat auf die Frage, welchen Versicherungsschutz er eigentlich braucht und wie er diesen zu günstigsten Konditionen erhält. Dabei trifft jeder – wegen der hohen Beiträge und langer Vertragslaufzeiten, aber auch hinsichtlich des Versicherungsschutzes – eine folgenschwere Entscheidung. Genauer gesagt: er läßt den Vertreter für sich diese Entscheidung mit erheblichen finanziellen Konsequenzen treffen. Erst Jahre später gibt es das böse Erwachen. Der Versicherte hat dann oft durch eine falsche Versicherung Tausende von Mark verloren oder – was noch viel schlimmer ist – er oder die Hinterbliebenen sind trotz hoher Prämien im Ernstfall miserabel versorgt.

Natürlich kommt die Informationsunlust der Bürger nicht von ungefähr, sondern ist wesentlicher Bestandteil der Strategie von Versicherungs-Aktiengesellschaften; denn nur Unwissende können getäuscht und übervorteilt werden. Also muß man auch die Ursache für die Unwissenheit der Bürger in Sachen Versicherungen bei den fragwürdigen Geschäften der Lebensversicherungs-Aktiengesellschaften suchen. Was würden Sie tun, wenn Sie ein falsches System mit viel Geld, Lobby und Wissenschaftlern erfolgreich durchgesetzt haben? – Selbstverständlich alles, um die Entdeckung zu verhindern, daß es sich hier um einen gigantischen Verbraucherbetrug handelt. Das bedeutet: weiter Geld, Lobby und Wissenschaftler einsetzen. Daneben muß aber auch Konkurrenz aus den eigenen Reihen verhindert werden, daß also andere Unternehmen mit verbrauchergerechten Alternativen auf den Markt kommen könnten. Demnach Verbandsdisziplin herstellen. Dann die Vertreter durch ein entsprechendes Provisionssystem zwingen, den Kunden im Interesse der Gesellschaften einseitig, also falsch zu beraten. Und vor allen Dingen: die Verbraucher durch Werbung dahingehend manipulieren, daß sie einen Vertrag, der nur zu zehn Prozent eine Versicherung ist, als *die* Lebensversicherung ansehen und gar nicht erst darauf kommen, sich anderweitig zu informieren. Die nachfolgenden Zitate belegen dieses.

Verwehrtes Wissen – leichtes Spiel mit hilflosen Bürgern

Der weltweit anerkannte Versicherungswissenschaftler Professor Alfred Manes vertritt die Meinung, daß die Versicherungsunternehmen versuchen, »das selbständige Denken, die Einsichts- und Entschlußfähigkeit des Verbrauchers möglichst auszuschalten«. Andere Wissenschaftler sprechen hier von einer »verwehrten Rationalität«, deren Folge der Schweizer Professor Großmann beschreibt: »Der Versicherungskunde tappt fast völlig im dunkeln.« So werden Versicherungsverträge nach Ansicht von Professor Großmann »nicht aufgrund von rationalen, rechenmäßigen Überlegungen abgeschlossen. Gefühle, Neigungen, Sympathien und Antipathien spielen hier eine große Rolle. Besonders ist der Beeinflussung durch die persönlichen Ausführungen des Versicherungsvertreters ein weiter Spielraum gesteckt.«

Damit besorgte Eltern, die aus Liebe eine Lebensversicherung abschließen wollen, nicht auf die Idee kommen, dieses ohne Vertreter zu tun, zeigt die Werbung solchen Versicherungssuchenden den ›rechten‹ Weg. In einer mehrseitigen Textanzeige der Aachener und Münchener wird ein Familienvater erfunden, der sich alleine einen Überblick verschaffen und Angebote vergleichen will. Was die Texter der Anzeige ihn sagen lassen, entspricht genau der Vorstellung, die die Bevölkerung haben soll und die sich auch tatsächlich in der Öffentlichkeit festgesetzt hat: »Natürlich haben meine Frau und Töchter, bald darauf auch meine Freunde und Bekannten, mich belächelt«, berichtet der erfundene Familienvater säuerlich. »Ohne Hilfe kommst du nie im Leben hinter diesen komplizierten Versicherungskram, wurde mir gesagt. Allein schaffst du den Durchblick nie, laß doch endlich so einen Versicherungstyp anreisen, riet mir meine Frau immer wieder, wenn ich abends und an den Wochenenden meine Prospektsammlung ausbreitete und Notizen machte.«

Schließlich läßt man in der Anzeige den gestreßten Familienvater sagen: »Ich habe einsehen müssen, daß ein Laie allein diese Materie nicht erarbeiten kann. Das ist wirklich zu kompliziert. Bei diesem Stande meiner Überlegungen brachten mich dann die Informationen eines Vertreters weiter.« In die gleiche Richtung zielen Werbeslogans wie »Man vertraut uns« (Hamburg-Mannheimer) oder »Vertrauen Sie uns – und Ihrem Verstand« (eine in sich widersinnige Werbung der Colonia).

Man merkt die Absicht dieser Anzeigen – und ist verstimmt. Die Verbraucher werden uninformiert gelassen. Gleichzeitig wird ihnen aber auch ihre dadurch entstandene Hilflosigkeit vor Augen geführt und auf die rettende Möglichkeit verwiesen, sich einem Vertreter der Gesellschaft anzuvertrauen. Und damit ist das Ziel der Anzeige und des Versicherungsunternehmens erreicht: Sie treibt hilflose Verbraucher in die Arme der Vertreter, die dann – gesteuert durch entsprechende Provisionsregeln der Gesellschaften – (falsche) Kapital-Lebensversicherungen ›verkaufen‹ müssen.

Damit deutet sich auch hier die Methode der teuren Versicherungsgesellschaften an, die bereits in der oben zitierten Anzeige festzustellen war: Die mangelnde Information des Bürgers über Versicherungen und seine bewußt geschürte, aber unbegründete Angst vor einer angeblichen Kompliziertheit der Materie lassen ihn zur leichten Beute für die Versicherungsvertreter werden. Und diese sind das wichtigste Instrument in der Strategie teurer Versicherungsgesellschaften.

Versicherungsvertretern zu vertrauen ist gefährlich

Nahezu alle deutschen Versicherungsvertreter arbeiten für nur eine Gesellschaft. Sie sind sogenannte Einfirmenvertreter. Aufgrund von Ausschließlichkeitsverträgen dürfen sie nur für ein einziges Unternehmen Verträge vermitteln. Und sie erhalten kein Gehalt, sondern nur Provisionen für Vertragsabschlüsse.

Geht ein solcher Vertreter ohne Unterschrift unter einem Antrag nach Hause, hat er keine müde Mark verdient. Weil er aber von Provisionen lebt und Verträge nur bei seiner Gesellschaft abschließen darf, hat ein Einfirmenvertreter gleich zwei Fäuste im Nacken: Zum einen die Provisionsfaust, die ihn zwingt, auch falsche Versicherungen abzuschließen, wenn er die ihm von der Gesellschaft gesteckten Ziele erfüllen und nicht verhungern will.

Zum Beispiel kann ein Einfirmenvertreter für die Vermittlung einer Lebensversicherung über 100 000 DM, wenn er sie als Kapitalversicherung abschließt, 3000 DM Provision erhalten, während ein anderer Vertreter nur 300 bis 600 DM verdient, wenn er den gleichen Versicherungsschutz ohne den Sparvorgang der Kapitalversicherung vermittelt. Dieses für den Kunden günstige Angebot einer Lebensversicherung auf reiner Risikobasis (siehe Seite 64) haben viele Vertreter nicht einmal in ihrer Angebotspalette. So sitzt einem Vertreter, der nur eine Gesellschaft vertritt, auch noch die Ausschließlichkeitsfaust im Nacken. Das heißt, er muß die ihm zur Verfügung stehenden falschen Angebote dieser einen Gesellschaft ›verkaufen‹. Er kann seinen Kunden – selbst wenn er es unter Verzicht auf hohe Provisionen wollte – keine günstigeren Alternativen anbieten, wird darüber also auch nicht reden.

Eine große Gefahr unseres Vertreter- und Provisionssystems ist, daß selbst solche Vertreter, die unter dem Zwang dieser beiden Fäuste aus Gewissensgründen nicht mehr arbeiten wollen, zur Weiterarbeit gezwungen sind; denn kündigen sie ihren Vertretervertrag, verlieren sie nicht nur ihre Kunden, sondern erhalten auch keine Abfindung für ihre bisher geleistete Arbeit und würden also vor dem Nichts stehen. Das also sind die Leute, die Ihnen beim Versicherungsgespräch bisher gegenübersaßen und vorgaben, Sie über Versicherungen ›beraten‹ zu wollen.

Der Interessenkonflikt zwischen dem provisionsabhängigen Einfirmenvertreter und dem uninformierten Verbraucher ist vorprogrammiert: Versicherungen, durch deren Abschluß Gesellschaft und Vertreter am meisten verdienen, sind meist solche, die für den Kunden falsch sind. Mit anderen Worten: Einfirmenvertreter, die ihre Kunden seriös beraten, kann es kaum geben. Sie hätten ihren Kunden, die ihnen blind vertrauen, vom Abschluß von 50 Millionen Kapital-Lebensversicherungen abraten müssen, weil es bessere Alternativen gibt.

Wie genau die Versicherungsgesellschaften selbst das gesunde Mißtrauen gegen ihre Vertreter erkannt haben, läßt die Tatsache erkennen, daß immer mehr Unternehmen dazu übergehen, die Verbraucher über persönliche Bande oder aber unter dem Deckmantel von Institutionen und Verbänden mit amtlich aussehenden Ausweisen zu überrumpeln. Das Magazin *stern* berichtete im Jahre 1982 von einer Zusammenarbeit des Bundes der Steuerzahler mit der Hamburg-Mannheimer und des Volkswohl-Bundes mit einem ›Bundesverband der Sozialversicherten‹. Da werden großartige Ausweise mit vielen Siegeln und Adlern vorgelegt und kostenlose Rentenberatungen angeboten. Am Ende wird eine Kapital-Lebensversicherung abgeschlossen. Die Hamburg-Mannheimer arbeitet in dieser Weise auch mit dem Bund der Kriegsblinden, Mietervereinen und anderen Organisationen zusammen, die dabei nicht schlecht verdienen. So unterschreiben Mitglieder eines sogenannten Familien-Wirtschaftsringes e.V. (angeblich ›gemeinnütziges Sozialwerk für Familien-, Verbraucher- und Sozialpolitik‹) folgende Zuwendungserklärung: »Für soziale und kulturelle Aufgaben mache ich dem FWR bis auf Widerruf laufend Zuwendungen in Höhe der jeweils verrechneten Überschußanteile.« Bei einer anderen Organisation heißt das: »Alle während meiner Mitgliedschaft anfallenden Überschußanteile soll die Vereinigung einziehen und als freiwillige Mitgliedsbeiträge zugunsten der Mitglieder dem Zwecke der Vereinigung entsprechend verwenden.«

Haupttrick der Überrumpelung ist das Verschweigen von Versicherung. Die Drücker kommen als angebliche Verbands-

oder Behördenvertreter, nennen sich – in allen möglichen Versionen – Berater (Jugend-, Spar-, Vermögensberater), oft auch ›Repräsentanz‹ einer Bank oder Vermögensberatungsgesellschaft, von denen dann Zertifikate auf Büttenpapier vorgelegt werden, die den Eindruck eines Anspruchs auf eine besonders günstige Baufinanzierung erwecken sollen – wertloses Papier. Außerdem werden hohe Auszahlungen schon nach kurzer Laufzeit der Lebensversicherung und danach in regelmäßigen Abständen versprochen.

Vor allem auf junge Leute wird regelrecht Jagd gemacht. Dabei werden zu ihnen auf raffinierte Art und Weise Kontakte hergestellt – über Preisausschreiben, Freunde und Bekannte, über den Betrieb, bei der Bundeswehr, beim Grenzschutz oder bei der Post.

Der Bericht eines geläuterten Drückers zeigt, wie Vermittler geschult werden, falsche Versprechungen zu machen: »Anfang der 70er Jahre war ich nebenberuflich für eine Vermittlungsgesellschaft auf Kundenfang, um Lebensversicherung nach dem 624-DM-Gesetz an den Mann zu bringen. Leider nicht so ganz erfolglos. Natürlich ›beglückte‹ ich zunächst meine Freunde und Bekannten. Nun sind bei den ersten Verträgen die 12 Jahre um. Da meine Bekannten nun bei einer Kündigung noch nicht einmal – wie versprochen – ihr eingezahltes Geld zurückerhalten, wollen sie sich an mir schadlos halten. Ich kann ihnen nicht mal böse sein deshalb.«

In den Schulungsunterlagen einer Sonderorganisation der Hamburg-Mannheimer wird den Vermittlern gezeigt, wen sie aufgrund persönlicher Beziehungen ansprechen können: »Wen kenne ich von meinem alten Arbeitsplatz, von der Schule oder Universität, aufgrund meiner Hobbys oder vom Sport, weil ich ein eigenes Haus habe, aus meiner jetzigen und früheren Nachbarschaft, weil ich ein Auto fahre, durch meine täglichen Besorgungen, durch meine Kinder, durch meine Frau/ meinen Mann, aufgrund meiner Mitgliedschaft in Clubs, Vereinen, Verbänden und Organisationen?«

Es folgt eine Blanko-Adressenliste, auf der auch Ihr Name stehen könnte. Und nach dem Schulungsmaterial soll der Drücker dann das Gespräch so eröffnen: »Hallo, Heinz, ich habe eine wahnsinnige Sache kennengelernt. Die muß ich dir unbedingt zeigen. – Mußt du haben! – Ist eine Überraschung! – Wann paßt es dir? – Oh, Augenblick, Heinz, da muß ich erst auf meinen Kalender sehen, ob ich dich noch dazwischenschieben kann. Du kannst dir sicherlich vorstellen, daß ich mit dieser wichtigen Angelegenheit viel unterwegs bin!« – Und dann werden ›Formulierungen für Verkaufsgespräche‹ vorgegeben: »Warum zahlen Sie nicht einmal an sich selbst? – Ihr Geld von Ihrem Konto von Ihrer Bank auf Ihr Konto bei unserer Bank.« – Auf Fragen wie »Kommen Sie von einer Versicherung?« soll mit einer Gegenfrage reagiert werden: »Haben Sie etwas gegen Versicherungen?« Und gleichgültig, ob der Kunde hier mit Ja oder Nein antwortet, soll der Drücker antworten: »Darum wollte ich Sie aufsuchen. Wann paßt es Ihnen besser ...« – Auf die Frage »Was ist das: HMI-Organisation?« ist den Werbestrategen der Gesellschaft die scheinheiligste Antwort eingefallen: »Die HMI ist eine Organisation, die anderen Menschen hilft, Steuern zu sparen, und das interessiert Sie doch sicherlich, Herr ...?«

Man schätzt die Zahl aller Versicherungsvermittler auf etwa 300 000 – eingerechnet die Drücker und die Verwandten, Bekannten, Kollegen, Kegelbrüder und andere, die – ohne daß man es so recht erkennt – in Versicherungen machen. Neunzig Prozent aller hauptberuflichen 40 000 bis 50 000 Versicherungsvertreter sind Einfirmenvertreter. Und alle sollen – wie es in der Hauszeitung der größten deutschen Versicherungsgesellschaft so schön hieß – »möglichst schnell herausfinden, wie der Kunde am besten zu packen ist« und »den Eindruck erwecken, als kümmere man sich um ihn«. Nur wer dies alles weiß, kann ermessen, welche Gefahren sich für den Verbraucher daraus ergeben und wie viele Bundesbürger bereits falsche Versicherungen in ihren Schubladen haben.

Versicherungsvermittler: eine Herde von 300 000 schwarzen Schafen

Die Lobby kommt an dieser Stelle gerne mit dem Einwand, ein paar schwarze Schafe gäbe es in jeder Branche. Die Zahl der schwarzen Schafe unter den Versicherungsvermittlern ist jedoch so groß, daß man von einer riesigen Herde sprechen muß. Vermutlich sind weniger als ein Prozent der 300 000 Versicherungsvermittler weiße Schafe.

Diese Vermutung läßt sich leicht belegen: Die Bundesbürger zahlen im Jahre 1984 runde 40 Milliarden DM für ihre Lebensversicherungen. Ein stolzes Prämienaufkommen, das zu einer ordentlichen Versorgung führen müßte, sollte man meinen. Schauen wir uns dagegen den Versicherungsschutz aller Bundesbürger an: Anfang 1984 verkündete die Lobby ganz stolz, die Versicherungssumme von insgesamt 1000 Milliarden DM (eine Billion) sei erreicht. Davon scheiden allerdings etwa 250 Milliarden DM als Familienversorgung aus. Diese Summe wurde in etwa zur Absicherung von Privatkrediten durch Risikoversicherungen abgedeckt. Verbleiben 750 Milliarden DM Versicherungssumme für Todesfälle durch Kapital-Lebensversicherungen und dazu noch eine private Absicherung durch 36 Milliarden DM Jahresrente für Fälle einer Berufsunfähigkeit. Nach Abzug von Schulden hat jede Familie vielleicht eine Familienversorgung von 30 000 DM für den Todesfall mit einer privaten Rente von 120 DM monatlich bei Invalidität. Was aber sind 30 000 DM für eine Witwe mit ein oder zwei Kindern nach dem Tode des Ernährers? Was bedeuten neben Sozialversicherungsrenten 120 DM monatlich mehr für einen Invaliden?

Selbst der ehemalige Chefmathematiker der Allianz, Peter Gessner, bekennt im *Manager Magazin* 3/84: »Richtig ist, daß in der Regel die verkauften Versicherungssummen viel zu niedrig sind. Sie stellen bei den jungen Familien meist keinen ausreichenden Todesfallschutz dar.« An den Versicherten liegt es sicher nicht, daß sie einen so kläglichen Versicherungsschutz besitzen. Sie geben für ihre Lebensversicherungen oft ihre letzten verfügbaren Mittel her. Also ist durch mehr Beitrag kaum eine bessere Versorgung herzustellen. Aber es gibt die von Lobby und Vertreter verschwiegenen Alternativen. So könnten die Bundesbürger bei gleichem Beitragsaufkommen je Haushalt mit 200 000 DM für den Todesfall und 2000 DM Monatsrente versichert sein – durch Lebensversicherungen ohne den ›vermengten‹ Sparvorgang. Man nennt diese Versicherungen Risikoversicherungen, Risiko-Lebensversicherung oder selbständige Berufsunfähigkeitsversicherung. Keine Not und kein Elend mehr nach Unglücksfällen!

Aber eine Risiko-Lebensversicherung hat nur etwa jeder zehnte Haushalt abgeschlossen, und dann auch meistens nur zur Absicherung eines Kredites – wie zum Beispiel beim Bauspardarlehen. Nicht einmal vier von hundert Haushalten haben eine private Rente für den Fall der Berufsunfähigkeit versichert. Und nur etwa jeder 300. Haushalt hat eine Berufsunfähigkeitsversicherung auf reiner Risikobasis, also ohne den Sparvorgang in der Kapital-Lebensversicherung.

Diese erschütternden Ergebnisse, deren Einfluß auf Menschen- und Familienschicksale bei Unglücksfällen nicht vergessen werden darf, sind nun sicher kein Zeichen von ›Dummheit der Bürger‹ oder mangelnder Vorsorgebereitschaft. Sie sind vielmehr ein unwiderlegbarer Beweis für die katastrophale Beratungsleistung unserer Versicherungsvertreter und der skrupellosen Geschäftsmethoden unserer Versicherungsgesellschaften, die aus dieser Sicht sogar international Spitzenreiter sind. So liegt die Bundesrepublik im Vergleich mit anderen Industriestaaten im Beitragsaufkommen mit an der Spitze, im Verhältnis Beitrag/Versicherungsschutz aber am Ende. Das bestätigte im Oktober 1984 auch die *Wirtschaftswoche* und schrieb: »Bei der Deckung dieser Versorgungslücken wird von vielen Bundesbürgern und ihren Versicherungsvertretern alles falsch gemacht, was falsch zu machen ist.«

Hätten die Bundesbürger ihren derzeitigen kläglichen Versicherungsschutz aus 50 Millionen Kapital-Lebensversicherungen durch Risikoversicherungen abgedeckt, müßten sie dafür keine vierzig Milliarden, ja nicht einmal zehn Milliarden, sondern weniger als fünf Milliarden DM im Jahr als Beitrag bezahlen. Das Zweifache dieses Betrages, etwa zehn Milliarden DM, verbrauchen aber die Gesellschaften zur Zeit allein schon für ihre Kosten, Provisionen und Gewinne – und zur Finanzierung ihres, wie sie es nennen, Eigenkapitals.

Und bei diesen zehn Milliarden ›Spielgeld‹ liegt der Haken: Die Unternehmen hätten nicht einmal die Hälfte davon in ihrer Tasche, wenn die Beiträge bei gleichem Versicherungsschutz auf Risikobasis nur fünf Milliarden Mark betragen würden. Diese fünf Milliarden wären außerdem zum größten Teil durchlaufendes Geld – kassiert von den Versicherten und umverteilt an Hinterbliebene oder Invaliden. Vielleicht könnten nur weniger als zwei Milliarden DM für Kosten, Provisionen und Gewinne verbraucht werden, und dabei gäbe es keine Gewinnmöglichkeiten aus der langfristigen Kapitalanlage von fremdem Geld, das man erst nach langer Zeit – ohne Gewinnbeteiligung – zurückzahlen muß.

Skrupellose Geschäfte mit dem Schutz der Versicherten und Hinterbliebenen

So gesehen, entpuppt sich die angeblich gute Beratung der Vertreter als rücksichtslose, von den Gesellschaften erzwungene Provisionsschinderei. Jede Mark, die ein Versicherungssuchender locker machen konnte, ist bisher in Prämien für den viel zu teuren Versicherungsschutz über eine Kapital-Lebensversicherung umgerechnet worden – ohne Rücksicht auf die dadurch entstandene Versorgungslücke der Familie. Und so entlarvt sich auch das angeblich karitative und humanitäre Gewerbe der Lebensversicherungsgesellschaften schlichtweg als legaler Betrug, um unter dem Deckmantel ›Versicherung‹ an -zig Milliarden DM Kapital heranzukommen.

Den Managern geht es nachweislich nicht um den Versicherungsschutz der Bürger, sondern um das Kassieren von möglichst viel Geld mit möglichst wenig Auszahlungen für Versicherungsfälle. Für eine miserable und dazu noch unrationell erbrachte Leistung super bezahlt und beliebige Supergewinne aus anvertrauten Geldern! Und alles auf der Basis von Liebe und Vorsorge, auf Kosten eines miserablen Versicherungsschutzes der ahnungslosen Versicherten, der Hinterbliebenen und Invaliden! Aber nicht nur Versicherungsmanager und Versicherungswissenschaftler erhalten Bundesverdienstkreuze. Im Januar 1984 erhielt auch der Präsident des Bundesverbandes der Deutschen Versicherungskaufleute das Verdienstkreuz erster Klasse des Verdienstordens der Bundesrepublik Deutschland. Wofür?

Jährlich sterben Hunderttausende – schlecht versicherte – Familienväter im Alter bis zu 55 Jahren. Etwa die gleiche Zahl von Männern mit Familie sind erheblich in der Erwerbsfähigkeit behindert – fast alle ohne zusätzliche private Rente aus einer Berufsunfähigkeitsversicherung. Im Jahre 1986 wurden aber aus Kapital-Lebensversicherungen (abzüglich Sparanteile) schätzungsweise nur zwei Milliarden DM an Hinterbliebene gezahlt – kläglich bei einem 20fach höheren Prämienaufkommen von 40 Milliarden DM und finanzieller Not durch Invalidität und Tod in vielen bundesdeutschen Familien.

Und so kommentieren andere Branchenkenner diese Zustände (*assekuranz report* im März 1984): »Bisher haben es die Versicherer geschafft, neben der Kapitalversicherung alle anderen Deckungsformen nicht hochkommen zu lassen. Sie mochten nicht darauf verzichten, auf diese Weise Anlagevermögen in Milliardenhöhe einzusammeln. So sind Werbung und Verkauf (nicht zuletzt auch durch Provisionsvereinbarungen) darauf getrimmt, gerade der Kapitalversicherung eine dominierende Rolle zu verschaffen. So sind denn auch die Sprüche vom maßgeschneiderten Versicherungsschutz oft reichlich wirklichkeitsfern. Beweis: die im Schnitt für eine ausreichende Hinterbliebenen- und Altersversorgung viel zu niedrigen Versicherungssummen. Die Marketingstrategen setzten auf die Kapitalversicherung und versuchten sie auch da an den Mann zu bringen, wo die Risikoversicherung das bedarfsgerechtere Angebot gewesen wäre. Ergebnis solcher Strategien: Die meisten jungen Familien sind für den vorzeitigen Eintritt des Versorgungsfalles völlig ungenügend abgesichert. Die Branche muß von der Vorstellung abgehen, die Kapitalversicherung sei als ›Mädchen für alles‹ einsetzbar.«

Verbraucherinformation – der Weg vom Lobby-Paradies in das Verbraucherparadies

Der ›Erfolg‹ der skrupellosen Strategien und Geschäfte von Lebensversicherungs-Aktiengesellschaften und ihrer geknebelten Vertreter steht und fällt mit dem Wissen der Bürger und auch der in unserem Lande Verantwortlichen um die tatsächlichen Vorgänge in diesem Bereich. In einer Geheimstudie der USA-Lebensversicherer wurde schon vor vielen Jahren festgestellt, daß die Branche auf einem ›selbstzerstörerischen Weg‹ sei und das Überleben der Kapital-Lebensversicherung von der Unwissenheit der Bürger über die schlechte Rendite und die Inflationsverluste abhinge. Auch der Generaldirektor der Allianz ahnt Schlimmes und sprach von einem ›Weg vom Paradies in die Hölle‹, was umgekehrt für die Verbraucher den ›Weg von der Hölle des legalen Betruges in das Paradies einer vernünftigen Familienversorgung für weniger Geld‹ bedeuten könnte.

Unwissenheit ist also die lebensnotwendige Geschäftsgrundlage der Lebensversicherungs-Aktiengesellschaften. Und so wird alles, was mit Lebensversicherungen zusammenhängt, zu einem reinen Informationskampf, wobei leider auch wieder das Geld (der Versicherten) in den Händen der Unternehmen eine große Rolle spielt. Man denke an bestellte Gutachten und die mehreren Hundertmillionen DM der Versicherungsbranche für Werbung und Anzeigen in Fernsehen, Rundfunk und Zeitungen, nicht zu vergessen die Milliarden für die Vermittlertruppen.

Den Gipfel der Manipulation entlarvte im August 1985 *Der Spiegel:* »Staatsanwälte ermitteln gegen Versicherungskonzerne und -verbände, auf deren Spendenlisten weit über hundert Politiker stehen, darunter die meisten Minister des jetzigen Bundeskabinetts.« Der Unternehmensverband räumte in seiner Zeitschrift *Versicherungswirtschaft* (17/85) selbst ein, daß dafür bereits »seit Anfang der 50er Jahre über den ›Arbeitskreis Private Versicherer‹ Mittel zur Verfügung gestellt wurden« – jährlich in Millionenhöhe. Der Zweck: »Die Versicherungswirtschaft bitte lediglich darum, in versicherungsrelevanten Gesetzgebungsangelegenheiten ihren Sachvortrag anzuhören und zu würdigen.«

Hierzu schreibt das US-Magazin *Multinational Monitor* im Oktober 1980: »Die größte Ironie ist, daß die gewaltige Lobby und Propaganda der Versicherungsgesellschaften von den Versicherten bezahlt wird.« Fair ist dieser Informationskampf also nicht. Welcher Dieb wird dem Bestohlenen schon zwanzig Pfennige zurückgeben, damit er die Polizei rufen kann?

Die Chancen des Verbrauchers auf eine Mitwirkung und Mitgestaltung des Versicherungswesens sind denkbar schlecht. Der beste Beweis: Trotz unseres Medienwaldes sind Millionen Bürger aus Informationsmangel und Unwissenheit seit Jahrzehnten nicht nur katastrophal versichert gewesen, sondern auch um Milliarden DM legal betrogen worden. 25 Millionen Haushalte zahlen durchschnittlich 1600 DM für einen Versicherungsschutz, den sie auch für weniger als 200 DM im Jahr haben könnten. Über 35 Milliarden DM stünden Jahr für Jahr für eine anderweitige Verwendung zur Verfügung.

Nun mögen einige, die ihr Betrogen-Sein nicht wahrhaben wollen, sagen: »Gut, wir sind für viel Geld schlecht versichert. Aber wir bekommen doch unser ganzes Geld zurück. Also: wo liegt der Betrug?«

Ein solcher Bürger hat sicher nichts von den folgenden Fällen gewußt, also haben sie ihn auch nicht ›heiß gemacht‹! Etwa jeder zweite Lebensversicherungsvertrag wird vor Ablauf gekündigt, weil die Ehe geschieden wird, weil die Beiträge nicht mehr gezahlt werden können, weil man das gesparte Geld anderweitig braucht, weil der Versicherte die Kapital-Lebensversicherung als falsch erkannt hat. Es gibt eine Vielzahl von Gründen. So hatten die Vereinigten Wirtschaftsdienste am 7. August 1985 festgestellt, daß im Jahre 1984 zwei Millionen Bundesbürger, die vorzeitig ihre Lebensversicherung »fast immer in einer wirklichen Notlage« kündigten, den »gigantischen Verlust von mehr als zehn Milliarden DM erlitten haben«. Nachfolgend authentische Fallschilderungen:

Fall 1 (ein Geschiedener): »Leider war ich nach zwei Jahren nicht mehr in der Lage, die hohen Beiträge zu zahlen ... und mußte von der Gesellschaft erfahren, daß meine Versicherung zwischenzeitlich erloschen ist. Bitte geben Sie mir Bescheid, ob nicht doch eine Möglichkeit besteht, wenigstens einen Teil des eingezahlten Betrages von 18 900 DM (27 Monatsbeiträge) zurückzubekommen.« – Die Antwort: Es gibt in den ersten drei Vertragsjahren bei fast allen Gesellschaften keinen Pfennig zurück. In der Regel sind diese ersten Beiträge für immer verloren (Ausnahmen z. B. Hannoversche Leben und HUK-Coburg).

Fall 2 (ein Arbeitsloser), *Der Spiegel* vom 24. 5. 1983: »Sieben Jahre lang zahlte der Kölner Architekt J. seine Beiträge für eine Lebensversicherung bei der Allianz. Monatlich 300, insgesamt 26 000 DM, überwies er nach Stuttgart. Dann wurde J. arbeitslos, das Geld knapp. Er kündigte die Versicherung und forderte seine Beiträge zurück. Doch die Allianz pochte auf ihre Verträge. Nach sieben Jahren, bedeutete sie dem Kunden, stünden ihm nur 8200 DM zu – fast 18 000 DM weniger, als der Architekt eingezahlt hatte. Solch magere Rückzahlungen sind keine Besonderheit der Allianz. Der bescheidene Rückkaufswert in den ersten Jahren der Laufzeit einer Lebensversicherung gehört zu den zahlreichen Merkwürdigkeiten der Branche.«

Fall 3 (ein Gutverdienender): »1982 kaufte ich ein Haus. Auf Anraten meines Steuerberaters erfolgt die Rückzahlung des Darlehens durch eine gleichzeitig abgeschlossene Kapital-Lebensversicherung. Jetzt verkaufe ich das Haus. Ich erhielt von der Nürnberger Leben folgende Mitteilung: Mein Beitragsguthaben beträgt nur 4000 DM von eingezahlten 19 600 DM. Was soll ich tun?«

Hätten die Versicherten in diesen drei Fällen für ein Zehntel ihrer Prämien gleichwertige Risiko-Lebensversicherungen abgeschlossen, hätten sie neun Zehntel anlegen können, hätten ihr Geld also nicht verloren. Erneuter Einwand derer, die immer noch nicht zugeben wollen, das Opfer eines legalen Betrugs geworden zu sein: »Man soll ja auch nicht vertragsbrüchig werden.« Dementsprechend tönt die Lobby: »Die Kapital-Lebensversicherung ist auf Durchhalten angelegt.« Und die Durchhalter sollen nicht durch die Abschlußkosten, die – sinnlos – auch für abgebrochene Verträge aufgebracht worden sind, belastet und geschädigt werden (wobei das eigentliche Problem nicht diese Kosten, sondern die ungerechtfertigte Höhe dieser Kosten ist). Wie und warum soll aber ein Geschiedener, für den die Versicherung ihren Sinn verloren hat und der in finanzielle Schwierigkeiten gerät, und wie soll ein Arbeitsloser die teuren Kapital-Lebensversicherungen durchhalten? Warum werden drei Jahresbeiträge (im obigen Fall zum Beispiel 18 900 DM) als verlorene Abschlußkosten erhoben?

Nach einem jahrzehntelangen Dornröschenschlaf hat das Bundesaufsichtsamt inzwischen endlich die Kritik an diesen traditionellen Mißständen als berechtigt anerkannt und die Lebensversicherungsgesellschaften zu einer Änderung bewogen. Ab Anfang 1987 erstatten die meisten Gesellschaften bei einer Kündigung nach Ablauf des zweiten Versicherungsjahres wenigstens 65 Prozent der gezahlten Beiträge zurück. Das gilt aber nur für neu abgeschlossene Verträge.

Aber auch wer seine Lebensversicherung über lange Zeit bis zum Ablauf durchhält, ist am Ende legal betrogen. Die Allianz stellte in ihrer Fernsehwerbung einen etwa 65jährigen Bäckermeister dar, der 148 000 DM aus einer Allianz-Lebensversicherung ausgezahlt bekommt und sich darüber auch noch freut. Nachrechnen darf dieser Handwerksmeister das Ergebnis seines dreißigjährigen Lebensversicherungssparens nicht, weil ihm dann das Lachen sicher vergehen würde. Er rechnet auch nicht, wie – unverständlicherweise – fast alle Lebensversicherten. Sie vertrauen. Auf was eigentlich?

Alle Lebensversicherten sollten dagegen einmal rechnen statt vertrauen: Verdoppelung einer Geldsumme in dreißig Jahren bei regelmäßigen jährlichen Einzahlungen bedeutet einen Zinssatz von etwa 4,5 Prozent. Die Inflation der letzten 15 Jahre war im Durchschnitt fast fünf Prozent. Wer vor dreißig Jahren eine Lebensversicherung abgeschlossen und sein damals wertvolles Geld darauf eingezahlt hat, erhält davon heute nur einen Bruchteil – trotz Gewinnbeteiligung und Verdoppelung der Versicherungssumme in dreißig Jahren. Hierzu schreibt ein Rentenberater aus Wolfsburg: »Viele meiner Mandanten sind enttäuscht, wenn ich über die allgemeingültige Inflationsrate die fällig werdende Lebensversicherungssumme auf den heutigen Zeitwert zurückrechne« (siehe auch Werte auf Seite 114).

Wen nun diese Erkenntnis und das Wissen um die viel günstigeren Risikoversicherungen zum Abbruch seines Lebensversicherungssparens veranlaßt, der hat neben den bisherigen Inflationsverlusten und entgangenen Zinsen auch noch einen Großteil seiner Beiträge verloren – mindestens drei Jahresbeiträge. Er sitzt in der Klemme, genannt ›Kapital-Lebensversicherung‹. So schreibt ein Beamter: »Auch zwei juristische Staatsexamen haben mich nicht davor bewahrt, mir eine Lebensversicherung aufschwatzen zu lassen. Ein Rückkaufsangebot der Iduna sieht nun in der Tat so aus, daß man drei Jahresbeiträge (ca. 7000 DM) einbehalten will bei Einzahlungen von ca. 9000 DM. Das hier für mich erstmals zutage getretene Geschäftsgebaren ist geradezu abenteuerlich, und als Beamter wage ich mir gar nicht auszumalen, wie sich jemand vorkommen mag, der tatsächlich auf derartige Vertragspartner angewiesen ist.«

Die bereits erlittenen Verluste kann die beste Information nicht wiedergutmachen. Aber Informationen helfen zu retten, was noch zu retten ist, und können – was das Wichtigste ist – vor weiteren Fehlern und Verlusten bewahren.

Informieren – ja, aber wie?

Grundsätzlich sollte sich jeder Versicherungssuchende und Versicherte Informationen von vielen Seiten besorgen und sie selbständig zu wirklichem Wissen verarbeiten. Einen Wissenden kann niemand betrügen. Solange ein Verbraucher aber in seinen Entscheidungen noch nicht hundertprozentig sicher ist, bleibt er ein potentielles Opfer für rücksichtslose Versicherungsvertreter und die vielen Nebenbei-Vermittler in seinem Verwandten-, Bekannten- und Kollegenkreis, die nur an die eigene Provision denken. Meiden Sie bei der Information zunächst einmal Versicherungsvertreter, und seien Sie sehr mißtrauisch bei ›guten Freunden‹, die Ihnen einen Rat geben wollen und zufällig einen Versicherungsmann kennen. Ein Versicherungsvertreter sollte, wenn überhaupt, die letzte Informationsquelle sein.

Wenn Sie also Geld sparen oder retten und sich nicht länger von anderen verdummen lassen wollen, kommen Sie nicht umhin, sich eigene Informationsquellen zu suchen. Hier liegt das wirkliche Problem der Versicherungssuchenden wie der Versicherten. Wann sollen sie sich worüber informieren?

Die Antwort ist einfach: Geben Sie den Glauben an die ›Nur-die-Lebensversicherung‹ auf und halten Sie sich immer vor Augen, daß es viele Arten von Lebensversicherungen und eine Vielzahl von Möglichkeiten einer Altersversorgung – auch ohne die Kapital-Lebensversicherung – gibt. Die folgenden

Kapitel informieren darüber, welche Lebensversicherungen es gibt, welchen Schutz diese bieten und welchen Bedarf sie dekken. Erst nach Kenntnis Ihres eigenen Versicherungsbedarfs und der Alternativen, wie er zu decken ist, können Sie sich für die richtige Lösung entscheiden.

Welcher Bedarf besteht?

Es sind zwei Situationen, für die Lebensversicherungen einen entsprechenden Versicherungsbedarf decken. Das ist einmal der Tod einer Person, von deren Arbeit und Einkommen andere abhängig sind. Und das ist zum anderen der Verlust der Arbeitskraft durch Krankheit oder Unfall – die Invalidität. Den letzteren Fall deckt die Berufsunfähigkeitsversicherung ab, die auch zu den Lebensversicherungen gehört, die man oft auch Lebensstandardversicherungen nennt. Im Grunde wird das eigene oder das Familien-Einkommen abgesichert, das durch Invalidität oder Tod bedroht ist.

Wer Schutz aus einer Lebensversicherung benötigt, ist einfach festzustellen: eigentlich jeder Berufstätige. Wer Familie hat und den Unterhalt für andere verdient, braucht in der Regel – als Ergänzung zu anderen Rentenansprüchen – eine Lebensversicherung für den Fall des Todes. Und jeder, der aus eigener Arbeitskraft Geld verdient, hat Bedarf an einer zusätzlichen Rente aus einer Lebensversicherung für den Fall seiner Berufsunfähigkeit. Diese Versorgung – sowohl für den Todesfall als auch für den Fall einer Invalidität – kann auf zweierlei Art und Weise abgedeckt werden:

- durch Lebensversicherungen auf Risikobasis (Risiko-Lebensversicherung, selbständige Berufsunfähigkeitsversicherung, Seiten 64 und 76). Hier zahlt der Versicherte einen reinen Risikobeitrag, den er bei Ablauf der Versicherung nicht zurückerhält;

- durch Lebensversicherungen, die mit einem Sparvorgang verbunden sind (Kapital-Lebensversicherung, Kapital-Lebensversicherung mit Berufsunfähigkeitszusatz, siehe Seite 86). Hier erhält der Versicherte bei Ablauf der Versicherung seine eingezahlten Beiträge zurück.

Bedarf decken über Risiko- oder Kapitalversicherungen?

Die Kapital-Lebensversicherungen sind etwa zehnmal so teuer wie Risikoversicherungen, so daß sich für jeden die Frage ergibt: Lohnt es sich, für seinen Versicherungsschutz zehnmal mehr zu zahlen, nur um am Ende der Laufzeit die Versicherungsbeiträge – vielleicht mit einer Gewinnbeteiligung – zurückzubekommen?

Damit kommen wir zu dem heftig tobenden und wohl nie endenden Streit um die Rendite von Kapital-Lebensversicherungen. Bei der Suche nach einer Antwort und einem Vergleich der Risiko- und Kapital-Lebensversicherung sollte sich jeder zunächst einmal von der Vorstellung befreien, bei einer Kapital-Lebensversicherung würde er den Versicherungsschutz umsonst bekommen (weil er seine Beiträge am Ende zurückerhält). Weiter oben wurde bereits dargestellt (Seite 53), wie wenig dieses Geld-zurück-Versprechen wert ist. Im übrigen müssen alle Gesellschaften nach den Vorschriften des Bundesaufsichtsamtes für das Versicherungswesen für einen gleichartigen Lebensversicherungsschutz – egal durch welche Versicherung – den gleichen Risikobeitrag in die Prämie einkalkulieren.

Das heißt: Gleicher Versicherungsschutz kostet über die Risiko- wie über die Kapital-Lebensversicherung den gleichen Risikobeitrag. Keiner erhält seinen Versicherungsschutz geschenkt.

Beide Versicherungsarten erfordern neben dem Risikobeitrag eine Zahlung des Versicherten für die Dienstleistungen, welche die Vertreter und Unternehmen erbringen. Es entstehen vor allem Abschluß- und Verwaltungskosten. Die Kostenansätze sind bei der Risiko-Lebensversicherung im Verhältnis zum Versicherungsschutz wesentlich niedriger als bei der Kapital-Lebensversicherung. Das ergibt sich schon aus dem obigen Beispiel der sehr unterschiedlichen Vertreterprovisionen (Seite 41).

Das heißt: Wer eine Risiko-Lebensversicherung oder eine selbständige Berufsunfähigkeitsversicherung abschließt, erhält seinen Versicherungsschutz erheblich kostengünstiger als über eine Kapital-Lebensversicherung.

Also ergeben sich hinsichtlich des Versicherungsschutzes klare Pluspunkte für die Risikoversicherungen. Hinsichtlich des Sparvorganges gibt es dagegen zwischen den beiden Versicherungsarten nichts Gemeinsames. Deshalb ist die Kapital-Lebensversicherung insoweit nicht mit Versicherungen, sondern mit Geldanlagen zu vergleichen. Denn jedem steht es frei, sich seinen Versicherungsschutz mit einem Zehntel der Prämie über eine Risikoversicherung zu beschaffen und neun Zehntel anderweitig anzulegen.

Das heißt: Da jeder seinen Versicherungsschutz auch über Risikoversicherungen erhalten kann (die keinen Sparvorgang beinhalten, also keine Rendite erbringen), darf die Kapital-Lebensversicherung nicht als Versicherung, sondern nur unter dem Gesichtspunkt der Geldanlage betrachtet und daher nur mit anderen Geldanlagen verglichen werden.

Damit kommen wir zu den entscheidenden Fragen der Kapital-Lebensversicherung: Lohnt sich das Lebensversicherungssparen überhaupt? Welche Rendite und Vorteile hat das Sparen gegenüber anderen Geldanlagen? Gleichen eventuelle Vorteile die Nachteile der Kapital-Lebensversicherung aus?

Schnellkursus in Sachen Lebensversicherung und Geldanlage

Es gibt sicher viele, die keine Lust haben, sich mit den ganzen Einzelheiten des Renditestreits zu befassen, der wegen der vielen Unbekannten in der Zukunft (Inflation, Quellensteuer, Steuervorteile und Renditen anderer Formen der Vermögensbildung) nie endgültig zu klären und schon gar nicht für den Einzelfall zu entscheiden ist. Diesen ungeduldigen Informationssuchenden kann geholfen werden mit einem Schnellkursus in Sachen Lebensversicherung und Geldanlage, mit dem sie eigentlich nichts oder zumindest nicht mehr viel falsch machen können:

Es entstehen fast immer hohe Verluste bei vorzeitiger Aufhebung einer Kapital-Lebensversicherung, die um so größer sind, je länger die vereinbarte Vertragsdauer ist (unbestritten). Also ist eine langfristige Kapital-Lebensversicherung als Sparvorgang wenig flexibel (unbestritten). Bei langfristigen Kapital-Lebensversicherungen ist die Rendite wegen der Inflationsverluste schlechter als bei einer kurzfristigen Kapitalversicherung (unbestreitbar). Die Kapital-Lebensversicherung hat steuerliche Vorteile gegenüber einigen anderen Geldanlagen. Die Beiträge können unter Umständen als Sonderausgaben vom Einkommen abgezogen werden (was aber in den meisten Fällen wegen der Höchstgrenzen für Sonderausgaben nicht möglich ist, siehe Seite 123). Auf jeden Fall wird die – nicht garantierte – Gewinnbeteiligung steuerfrei ausgezahlt, während bei anderen Geldanlagen Erträge möglicherweise zu versteuern sind. Voraussetzung für die Steuervorteile der Kapital-Lebensversicherung: eine Mindestlaufzeit von zwölf Jahren.

Jeder, der eins und eins zusammenrechnen kann, kommt danach zu folgendem Ergebnis: Wenn die Kapital-Lebensversicherung für jemanden vorteilhaft erscheint, weil die Prämien ausnahmsweise als Sonderausgaben ausgenutzt werden können oder weil die Gewinnbeteiligung steuerfrei ausgezahlt wird, dann kann er die Nachteile der langfristigen Kapital-Lebensversicherung (wenig flexibel, schlechte Rendite, Inflationsverluste) weitgehend meiden und den einzig sicheren Vorteil (steuerfreie Gewinnauszahlung) auch erreichen durch den Abschluß einer Kapital-Lebensversicherung mit einer Mindestlaufzeit von zwölf Jahren, die für das Wirksamwerden der Steuervorteile vorgeschrieben ist. Daneben schließt er zur Familienversorgung oder als Vorsorge für den Invaliditätsfall eine Lebens- und Berufsunfähigkeitsversicherung auf reiner Risikobasis ab.

Und noch eine Vorabinformation: Es gibt ganz wenige Gesellschaften, die schon bei einer Kündigung nach Zahlung des ersten Beitrages einen Großteil der Prämie an den Versicherten zurückzahlen und die auch noch eine hohe Gewinnbeteiligung gewähren (vor allen Hannoversche Leben, auch HUK-Coburg Leben – Adressen siehe Seite 217). Also ist eine einfache Grundregel und die rettende Lösung für alle Zweifelnden und Unentschlossenen:

Wenn Kapital-Lebensversicherung, dann überhaupt nur eine mit zwölf Jahren Laufzeit bei einem günstigen Unternehmen – als Geldanlage zur Ausnutzung von Steuervorteilen. Und den Versicherungsschutz – völlig getrennt davon und billiger – über eine Risiko- oder selbständige Berufsunfähigkeitsversicherung.

Gegen diese Empfehlung gibt es überhaupt kein Gegenargument – aber einen Vertretertrick, der folgenden Hintergrund hat. Die während der Vertragsdauer eingezahlten Beträge ergeben zusammengezählt in etwa die Versicherungssumme.

Diese ist also bei gleichem Beitrag und kurzer Laufzeit niedrig und bei langer Laufzeit hoch. Die Vertreterprovision ist aber von der Höhe eben dieser Versicherungssumme abhängig. Also versuchen Versicherungsvertreter zu längeren, meist dreißigjährigen oder noch längeren Laufzeiten zu kommen, um höhere Versicherungssummen und damit auch höhere Provisionen zu erreichen. Sie verunsichern denjenigen, der die obige Empfehlung befolgen will, mit der Behauptung, er könne in zwölf Jahren eine neue Kapital-Lebensversicherung zum Steuernsparen nicht mehr abschließen, wenn er inzwischen krank werden sollte. Der Versicherte müsse sich also von vornherein auf dreißig oder mehr Jahre festlegen. Das erscheint zunächst plausibel – aber auch nur, solange der Vertreter verschweigt, daß es eine private Rentenversicherung gibt, die jeder Schwerkranke noch abschließen kann, weil sie keinen Todesfallschutz beinhaltet (Seite 138). Mit Beiträgen zu einer Rentenversicherung kann jeder die gleichen Steuervorteile wie mit Prämien zu einer Kapital-Lebensversicherung erreichen.

Hat man seinen Versicherungsschutz, der in der Regel für zwanzig bis dreißig Jahre benötigt wird, durch eine Risikoversicherung abgedeckt, kann man nebenher die Laufzeit einer Geldanlage – möglicherweise auch über eine Kapital-Lebensversicherung – frei bestimmen und wesentlich kürzer festlegen als die Dauer der Risikoversicherung, die wegen einer möglichen Krankheit von vornherein auf lange Zeit festgeschrieben werden muß. Man verschafft sich so einen vernünftigen, billigen Versicherungsschutz und erreicht daneben eine größere Flexibilität der Geldanlage, setzt seine Ersparnisse nicht über eine lange Zeit der Inflation aus, kann sie eher wieder einsetzen oder die angesparte Summe inflationssicher anlegen. Man kann unter Umständen mit demselben Geld zweimal den gleichen Steuervorteil erreichen.

Hier macht der Verbraucher genau das, was die Versicherungsgesellschaften eigentlich nicht wollen: er trennt Versicherung und Geldanlage. Wer sich für dieses Sicher-ist-sicher-Modell entscheidet und auch noch eine günstige Gesellschaft auswählt (s. Seite 60), macht bei einem vorzeitigen Abbruch des zwölfjährigen ›Lebensversicherungs-Sparvertrages‹ keine großen Verluste. Bei einer Kapital-Lebensversicherung mit langer Laufzeit, mit der er gleichzeitig auch seinen Versicherungsschutz hergestellt hätte, würde er dagegen Tausende von Mark verlieren (siehe die abschreckenden Beispiele auf Seite 51).

Risiko- wie Kapital-Lebensversicherungen können jedes Jahr gekündigt werden. Bei Risiko-Lebensversicherungen verliert der Versicherte bei einer vorzeitigen Kündigung im Grunde nichts. Bei einer Kapital-Lebensversicherung sieht dieses aber ganz anders aus. Er erhält nur den sogenannten Rückkaufswert. Bei langfristigen Kapital-Lebensversicherungen bildet sich dieser erst im vierten Versicherungsjahr, weil fast alle Gesellschaften in etwa drei Jahresbeiträge als Abschluß- und Einrichtungskosten des Vertrages vereinnahmen. Erst bei einer Kündigung nach zwölf bis fünfzehn Jahren erhält der Versicherte bei den meisten Gesellschaften seine eingezahlten Prämien zurück – ohne Zinsen. Anderweitig angelegt hätte sich das Geld verdoppeln können. Und hier haben kurzfristige Kapital-Lebensversicherungen einen großen Vorteil: Bei ihnen bildet sich der Rückkaufswert schneller – oft schon im zweiten Versicherungsjahr (bei den bereits genannten Unternehmen schon im ersten Jahr).

Wer also keine Lust hat, sich weiter über den – nie endgültig zu klärenden – Streit zur Rendite von Kapital-Lebensversicherungen zu informieren, kann es sich einfach machen und die Kompromißlösung wählen. Doch droht auch hier noch ein Vertretertrick: »Diese Kombination haben wir doch längst«, könnte Ihnen ein cleverer Vermittler entgegenhalten. Und dann kommt er mit vorzeitigen Auszahlungen, die nach zwölf Jahren schon einsetzen, oder mit einer Kapital-Lebensversicherung, die mit einer Risikoversicherung kombiniert ist. Lassen Sie sich hier nicht überrumpeln: Bei solchen Verträgen hängen Sie garantiert wieder in einer langfristigen Kapital-Lebensversicherung mit allen oben aufgezählten Nachteilen (Verluste bei Kündigung, schlechte Rendite, Inflationsverluste). Nur ist hier die Langfristigkeit hinter ein paar dekorativen Beigaben – wie vorzeitigen Geldauszahlungen – versteckt.

Überhaupt ist zur Zeit die große Masche der Vermittler und Drücker, ihren Opfern einen gequirlten Brei von Verträgen anzubieten (Bausparen + Vermögensbildung nach dem 624-DM-Gesetz + Kapital-Lebensversicherung + Berufsunfähigkeitszusatz + Dynamik + Risikoversicherung + Unfallversicherung = × DM Prämie). All diese Pakete sind auf Täuschung und Irreführung angelegt. Manche jungen Leute sind von solchen Angeboten und den damit verbundenen riesigen Zahlen so verwirrt und doch begeistert, daß man ihnen kaum klarmachen kann, daß man mit einem Hundertmarkschein nicht einen Tausender kaufen kann. Und sie erkennen auch nicht, daß die in dem Brei enthaltenen einzelnen Versicherungen falsch und zu teuer sind.

Was immer Ihnen Versicherungsvertreter, Berater (oder wie immer sich Vermittler nennen) auch erzählen: Lassen Sie sich nicht davon abbringen, Ihren Versicherungsschutz einzig und allein auf reiner Risikobasis herzustellen durch den Abschluß einer selbständigen Berufsunfähigkeits- und einer Risiko-Lebensversicherung oder einer Kombination aus beiden.

Risiko-
Lebensversicherung

Wer für eine Familie oder Angehörige zu sorgen hat, braucht eine Risiko-Lebensversicherung – und zwar vor allem, wenn für die Hinterbliebenen noch keine hohen Renten- und Versorgungsansprüche bestehen und kein großes Vermögen vorhanden ist.

Die wichtigsten Formen

- Risiko-Lebensversicherung (diese wird im folgenden dargestellt)
- Risiko-Lebensversicherung auf das Leben von zwei Personen (empfehlenswert zum Beispiel bei berufstätigen Eheleuten, die sich gegenseitig und die Familie absichern wollen. Die Versicherungssumme wird nur beim Tod des zuerst Versterbenden gezahlt. Diese Versicherungsform wird zur Zeit von immer mehr Gesellschaften angeboten, so daß sich das Einholen von Angeboten bei vielen Gesellschaften lohnt, siehe Seite 68).
- Restschuldversicherung für Ratenkredite (hier fällt die Versicherungssumme entsprechend der Tilgung eines Darlehens. Sie ist dadurch billiger als die Risiko-Lebensversicherung mit gleichbleibend hoher Versicherungssumme; wird von vielen Unternehmen angeboten)

- Risiko-Lebensversicherung mit prozentual fallender Versicherungssumme (hier nimmt die Versicherungssumme jedes Jahr entsprechend einem vertraglich vereinbarten Prozentsatz ab)
- Risiko-Lebensversicherung mit Berufsunfähigkeitszusatz (diese wird im Kapitel ›Berufsunfähigkeitsversicherung‹ auf Seite 82 behandelt)

Risiko-Lebensversicherung – wozu?

Die Risiko-Lebensversicherung zahlt beim Tod der versicherten Person einen vertraglich festgelegten Kapitalbetrag aus, mit dessen Erträgen die Hinterbliebenen Versorgungslücken schließen können, um den bisherigen Lebensstandard aufrechtzuerhalten.

Welche Versicherungssumme wählen?

Es kommt auf Ihre Familien- und Vermögensverhältnisse an. Die entscheidende Frage bei der Ermittlung der richtigen Versicherungssumme für eine Risiko-Lebensversicherung ist: Was geschieht, wenn der Ernährer der Familie morgen stirbt? Es muß also geprüft werden, wie hoch die Renten- und Versorgungsansprüche der Hinterbliebenen sind. Diese werden bei jungen Familien etwa ein Drittel, bei mehreren Kindern höchstens die Hälfte des bisherigen Einkommens decken. (Die Witwe eines Arbeiters erhält zur Zeit durchschnittlich etwa 1000 DM monatliche Rente mit einem Kind, bei zwei Kindern etwa 1250 DM. Die Durchschnittswerte für die Witwe eines Angestellten sind 1500 DM mit einem Kind, 2000 DM mit zwei Kindern.)

Der Bund der Versicherten (siehe Seite 174) berechnet für rentenversicherungspflichtige Mitglieder die ungefähren Rentenansprüche.

Für welche Zeit sind Versorgungslücken zu schließen?

Da ist vor allem die Frage, wie alt die Kinder sind und wann sie auf eigenen Füßen stehen werden. In der Regel besteht Bedarf für weitere Vorsorge nur, wenn der Ernährer der Familie noch nicht fünfzig Jahre alt ist – also bis zum Alter 50 –, weil danach hohe Rentenansprüche gegeben und die Kinder aus dem Haus sind. Deshalb reicht es auch in der Regel aus, als Ablauf einer Risikoversicherung das 55. Lebensjahr zu wählen; denn wird ein höheres Endalter – zum Beispiel das 65. Lebensjahr – festgelegt, sind die Beiträge von Anfang an erheblich höher, weil das Risiko des Todes bei längerer Vertragsdauer größer ist. Wer allerdings nicht ganz sicher ist, sollte von Anfang an ein höheres Endalter vereinbaren. Er zahlt dann zwar einen höheren Beitrag, kann die Risiko-Lebensversicherung aber jederzeit kündigen, wenn der Versicherungsschutz nicht mehr notwendig ist, weil zum Beispiel hohe Rentenansprüche bestehen und aus den – gegenüber einer Kapital-Lebensversicherung – eingesparten Beiträgen ein entsprechendes Vermögen aufgebaut worden ist (zum Beispiel mietfreies Wohnen in schuldenfreier Eigentumswohnung).

Die Versicherungssumme für die Normalfamilie (ohne großes Vermögen) läßt sich grob festlegen nach folgender Formel:

	Faktor für das Jahreseinkommen
Familien mit kleinen Kindern	das Vierfache
Familien mit älteren Kindern	das Dreifache
Bei kinderlosen Ehepaaren	das Zweifache

Sie können die Versicherungssumme der Risiko-Lebensversicherung aber auch genauer nach folgender Tabelle ermitteln, wobei Sie davon ausgehen sollten, daß etwa nur ein Drittel (bei mehreren Kindern bis zur Hälfte) des jetzigen Einkommens als Renten gezahlt werden. Um für die Zeit, in der die Kinder noch zu Hause leben, ein zusätzliches Familieneinkommen von monatlich etwa 1000 DM abzusichern, sollten etwa nachstehende Versicherungssummen vereinbart werden.

Alter der versicherten Person (›Ernährer‹)	Versicherungssumme der Risiko-Lebensversicherung
30 Jahre	120 000 DM
40 Jahre	100 000 DM
50 Jahre	70 000 DM

Dabei ist zu berücksichtigen, daß bei diesen Summen die Hinterbliebenen nicht nur von den Zinsen leben, sondern daß auch das Kapital aufgezehrt wird, daß sich also eine junge Witwe um eigenes Einkommen bemühen muß, sobald das Alter der Kinder es zuläßt. Andernfalls müßten die Versicherungssummen für das Alter 30 um etwa fünfzig Prozent und für das Alter 40 um etwa dreißig Prozent erhöht werden.

Nach dieser Tabelle läßt sich auch vorhandenes Vermögen in eine Rente umrechnen: Hat eine Familie (unbelastetes) Vermögen in Höhe von 100 000 DM und ist der Familienvater vierzig Jahre alt, so deckt dieses Vermögen eine Rente von etwa 1000 DM monatlich ab. Braucht die Familie zusätzlich 2000 DM Rente im Monat, müßte sie eine Risiko-Lebensversicherung über 200 000 DM abschließen. Will oder kann die Witwe später nicht arbeiten, sollte die Versicherungssumme um dreißig Prozent auf 260 000 DM erhöht werden.

Man sollte die Versicherungssumme zur Familienversorgung nicht fallend wählen, etwa weil die Rentenansprüche mit der Zeit steigen und die Versorgungszeit mit steigendem Alter der Kinder kürzer wird. Hier darf nämlich nicht der Einfluß der Inflation vergessen werden. So wären die eben dargestellten Überlegungen nur richtig, wenn 100 000 DM von heute in zehn Jahren auch noch 100 000 DM wert wären, was mit

Sicherheit nicht der Fall sein wird. Im übrigen kann man eine Risiko-Lebensversicherung jedes Jahr kündigen, wenn der Versicherungsschutz nicht mehr benötigt wird.

Wie und wo eine Risiko-Lebensversicherung abschließen?

Im Jahr 1982 gab es nur ganz wenige Gesellschaften, die Lebensversicherungen auf Risikobasis angeboten haben. Inzwischen hat sich in diesem Bereich vieles getan. Es sind viele neue Anbieter hinzugekommen, die Beiträge sind billiger geworden und sind ab 1987 noch mehr gesenkt worden.

Der Beitrag für eine Risiko-Lebensversicherung richtet sich nach der Versicherungssumme, dem Alter der versicherten Person und nach der Laufzeit der Versicherung. Ab 1987 richtet er sich auch nach dem Geschlecht. Der Beitrag für Frauen ist billiger als der für Männer.

Die Bruttoprämien sind immer noch überkalkuliert, so daß alle Gesellschaften dazu übergegangen sind, entweder auf die Beiträge durch eine Sofort-Überschußbeteiligung einen Nachlaß zu gewähren oder durch einen Sofortbonus die Versicherungssumme zu erhöhen. Man sollte sich also nicht an den Bruttobeiträgen, sondern an den Nettoprämien orientieren, die allerdings nicht auf Dauer garantiert sind; denn Überschußbeteiligung oder Bonus können zu laufenden Verträgen geändert werden!

Risiko-Lebensversicherungen können auch mit einer Berufsunfähigkeitsversicherung gekoppelt werden. Der Berufsunfähigkeitszusatz ist dann auf jeden Fall billiger, als wenn man nebenher eine selbständige Versicherung abschließt.

Einige Gesellschaften (z. B. Equity & Law, die Transatlantische Leben und Cosmos) bieten auch eine Risiko-Lebensversicherung auf zwei Leben an, die empfehlenswert ist, wenn sich zwei Ehegatten oder Partner gegenseitig oder die Familie absichern wollen. Hier wird nur einmal – beim Tod des Erstversterbenden – gezahlt. Dadurch ist die Versicherung billiger als zwei getrennte Risiko-Lebensversicherungen, aber natürlich teurer als eine Einzelversicherung (etwa 50%). Da Risiko-Lebensversicherungen jederzeit gekündigt werden können, wäre auch möglich, zwei bestehende Versicherungen aufzuheben und eine neue auf zwei Leben abzuschließen.

Wer eine Risiko-Lebensversicherung nur zur Absicherung eines Kredits abschließen will oder abschließen muß, sollte dies in Form einer Restschuldversicherung tun. Hier nimmt die Versicherungssumme jährlich entweder um einen vereinbarten Prozentsatz ab oder entsprechend der Tilgung des Kredits. Auch diese Versicherungsart ist natürlich billiger als eine Risiko-Lebensversicherung mit feststehender Summe.

Eine derartige Risikoversicherung mit abnehmender Summe enthält in etwa die Kapital-Lebensversicherung, bei der auch der Versicherungsschutz entsprechend der Kapitalbildung abnimmt. Wer eine Prämie einer Kapital-Lebensversicherung mit der einer Risikoversicherung vergleichen will, muß die Beiträge für eine Restschuldversicherung heranziehen.

Als Orientierungshilfe für eine Risiko-Lebensversicherung die Netto- oder Effektiv-Jahresbeiträge der Europa für eine Versicherungssumme von 100 000 DM:

Männer Eintritts-alter	Jahresbeiträge Laufzeit bis Alter 50	55	60	65
25	204,48	229,92	265,44	
30	217,92	261,60	304,80	360,96
35	242,40	296,16	361,92	430,56
40	281,28	347,04	427,20	524,16
45	334,08	415,68	513,60	633,12
50		506,88	625,92	774,24
55			765,60	951,84

Frauen haben eine um sieben Jahre höhere Lebenserwartung als Männer. Dieses wird ab 1987 in den Kalkulationen der Lebensversicherungsbeiträge berücksichtigt.

Nachfolgend die Effektiv-Jahresbeiträge der Dialog Leben für eine Versicherungssumme von 100 000 DM:

Frauen Eintritts-	Jahresbeiträge Laufzeit bis Alter			
alter	50	55	60	65
25	160,80	172,32	190,08	
30	169,92	195,84	216,96	248,16
35	184,32	215,04	252,00	289,44
40	203,52	240,48	284,64	342,72
45	230,88	275,04	328,32	398,88
50		319,68	383,52	470,88
55			452,64	563,04

Es gibt in letzter Zeit und wohl auch in Zukunft eine Reihe von Neuerungen. So berechnet die Equity & Law die Kosten nicht prozentual vom Beitrag, sondern als Stückkostenzuschlag, was zu günstigeren Beiträgen bei hohen Versicherungssummen führt. Diese Gesellschaft bietet auch verschiedene Umtausch- und Verlängerungsrechte an. Sie sollten von möglichst vielen Gesellschaften Angebote einholen, insbesondere von folgenden (alphabetisch geordnet; Adressen siehe Seite 217):

Condor
Cosmos
Dialog Leben
Equity & Law
Europa
Generali Leben
Hannoversche Leben
HUK Coburg Leben
Inter
National Union Leben
Neue Leben
Provinzial Kiel
Quelle + Partner
Transatlantische
Universa
Vereinigte Post
Westfälische Provinzial

Nachteile der Kapital-Lebensversicherung mit Sparvorgang	Vorteile der Kombination Risiko-Lebensversicherung + eigenes Sparen
1.) schlechte Vermögensbildung 2.) teure und schlechte Familienversorgung 3.) hohe finanzielle Verluste bei vorzeitiger Aufhebung	1.) jederzeit bessere Vermögensbildung 2.) jederzeit bessere Familienversorgung

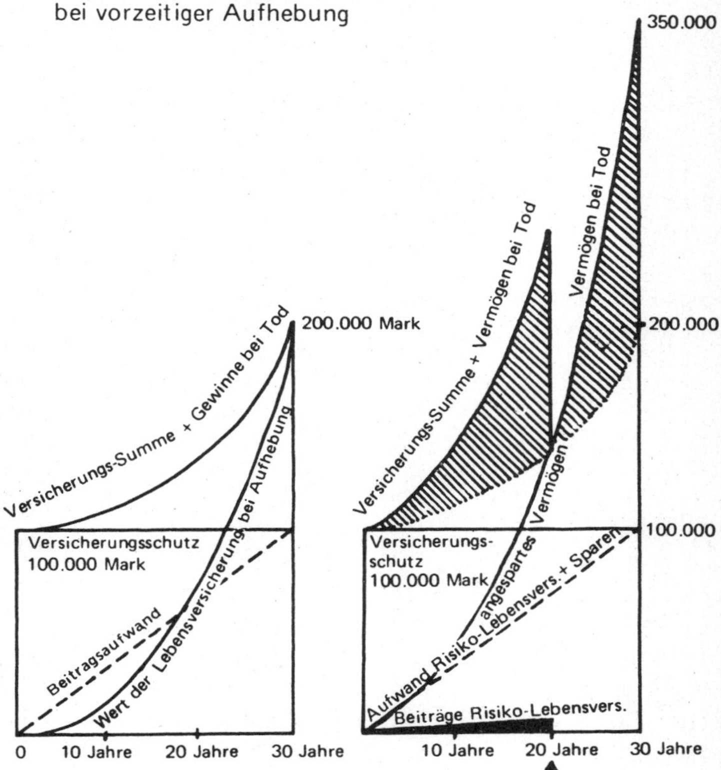

Hier kann die Risiko-Lebensversicherung enden, weil das angesparte Vermögen bereits höher ist als Versicherungssumme und Gewinne aus der Kapital-Lebensversicherung.

Fordern Sie mit einem mehrfach fotokopierten Brief von vielen Versicherungsunternehmen Unterlagen über eine Risiko-Lebensversicherung an (evtl. auch mit Berufsunfähigkeitszusatz oder als Versicherung auf zwei Leben). Geben Sie dabei Geburtsdatum und Beruf und die in etwa gewünschte Versicherungssumme an. Das Ausfüllen des Antrages ist nicht schwierig. *Beantworten Sie die Gesundheitsfragen wahrheitsgetreu und besonders sorgfältig*. Machen Sie hier falsche Angaben oder verschweigen Sie frühere Erkrankungen, so kann das Versicherungsunternehmen möglicherweise die Auszahlung der Versicherungssumme an die Hinterbliebenen verweigern. Und eine Lebensversicherung, die im Katastrophenfall nicht zahlt, ist sicher nicht im Sinne einer vernünftigen Familienversorgung.

Was man bei einer Risiko-Lebensversicherung auf Dauer sparen kann

Einige Versicherungsunternehmen bieten immer noch keine reine Risiko-Lebensversicherung an, sondern nur eine sogenannte ›Risiko-Lebensversicherung mit Überschußbeteiligung‹, deren Beiträge fast doppelt so hoch sind wie die obengenannten Beiträge. Diesen Trick haben sich die Versicherungsgesellschaften ausgedacht, damit Vertreter ahnungslose Verbraucher leichter zum Abschluß von Kapital-Lebensversicherungen überreden können. Und das geht so:

Der Vertreter nennt Ihnen den Beitrag für eine Risiko-Lebensversicherung über 100 000 DM, der nach dem teuren Tarif seiner Gesellschaft etwa 1000 DM pro Jahr betragen kann. Dann bietet er Ihnen eine Kapital-Lebensversicherung mit einer Laufzeit von fünfzig Jahren oder noch länger auf ein Endalter 85 Jahre an. Diese Kapital-Lebensversicherung kostet vielleicht 2000 DM pro Jahr. Sein verlockendes Angebot und Argument lautet dann: »Bei dieser Kapital-Lebensversicherung auf das 85. Lebensjahr bekommen Sie alle Beiträge plus Gewinnanteile zurück!« – Rechnen statt Vertrauen: 2000 DM jährlich über fünfzig Jahre angelegt, ergeben mehr als eine Million DM. Da kann man leicht die Rückzahlung der vom Versicherten eingezahlten 100 000 DM versprechen!

Wer auf den Vertreter-Trick hereinfällt, hat sich nicht nur eine viel zu teure Familienversorgung aufschwatzen lassen, sondern er hat darüber hinaus noch eine schlechte langfristige und unflexible Vermögensbildung gewählt – einen verkappten Sparvertrag über fünfzig Jahre mit (nicht garantierter) Verzinsung von vielleicht fünf bis sechs Prozent bei einer durchschnittlichen Inflationsrate von fünf Prozent. Für den Einwand, was man denn mit einer Altersversorgung anfangen soll, die im 85. Lebensjahr ausgezahlt wird, haben die Vertreter eine anscheinend plausible Erklärung auf Lager: »Sie können die Versicherungsdauer später durch die Verwendung der Gewinne auf das 60. Lebensjahr abkürzen.«

Solche Angebote verfolgen allein die Interessen der Versicherungsunternehmen und der Vertreter: Der Vertreter bekommt für langfristige Kapital-Lebensversicherungen sehr hohe Provisionen, und das Versicherungsunternehmen kann viele Jahre mit dem sauer verdienten Spargeld der Versicherten enorme Zinsgewinne und inflationsbedingte Wertsteigerungen aus den Kapitalanlagen erwirtschaften und sich hohe Kosten- und Gewinnentnahmen aus dem Versichertengeld genehmigen. Die Summe, die der Versicherte am Ende erhält, hat durch die Inflation auch noch erheblich an Wert verloren. Die Versicherungsunternehmen können sich dagegen mit dem Geld City-Grundstücke zulegen, an deren Wertsteigerungen sie die Versicherten in der Regel nicht beteiligen.

Der Bund der Versicherten hat dem Bundesaufsichtsamt vorgeschlagen, alle Gesellschaften anzuweisen, auf jedem Antrag zu einer Kapital-Lebensversicherung an erster Stelle den Netto-Beitrag anzugeben für eine gleichwertige Risiko-Lebensversicherung mit fallender Versicherungssumme, wie sich auch in der Kapital-Lebensversicherung der Versicherungsschutz durch das eigene Ansparen verringert. Das ist im übrigen ein Fehler in fast allen Renditeberechnungen, die derzeit über Kapital-Lebensversicherungen durch das Land schwirren: Sie berücksichtigen nicht die Tatsache, daß die Hinterbliebenen beim Tode des Versicherten die Versicherungssumme der Kapital-Lebensversicherung nicht als volle Versicherungsleistung, sondern zu einem großen Teil als Rückzahlung angesparter Gelder erhalten. Stirbt der Versicherte im letzten Versicherungsjahr, ist die Versicherungsleistung sogar Null. Es werden nur die angesparten Gelder und die – nicht garantierten – Überschüsse ausgezahlt.

Erst wenn der Verbraucher diese Informationen und das entsprechende Wissen hätte, wäre ihm eine eigene Entscheidung möglich und er würde mit Sicherheit keine Kapital-Lebensversicherung zur Familienversorgung abschließen. Da jedoch das Aufsichtsamt dem Bundesfinanzminister untersteht und dieser an dem langfristigen Kapital aus Lebensversicherungen interessiert ist, kann man sich denken, daß der ebenso simple wie wirkungsvolle Vorschlag des Bundes der Versicherten für eine bessere Verbraucherinformation überhaupt nicht beachtet wurde. Also: Zahlen Sie für die Familienversorgung nur den nötigen Beitrag. Durch den Abschluß einer Risiko-Lebensversicherung sparen Sie gegenüber der Kapital-Lebensversicherung auf Dauer ein Vermögen.

Vorsicht bei Versicherungsvertretern

Adressen von Versicherungsunternehmen, die günstige Risiko-Lebensversicherungen anbieten, sind auf den vorstehenden Seiten angegeben. Informationen und Abschlußhilfe durch einen Versicherungsvertreter sind beim Abschluß einer Lebensversicherung äußerst gefährlich und erst zu empfehlen, wenn Sie ganz sicher sind, daß man Ihnen keine Kapital-Lebensversicherung aufschwatzen kann. Vergessen Sie nie: Für den Abschluß einer Risiko-Lebensversicherung erhält der Vertreter nur geringe Provisionen, für den Abschluß einer Kapital-Lebensversicherung bekommt er dagegen eine sehr hohe Abschlußgebühr – etwa in Höhe eines Jahresbeitrages. Ein Vertreter wird also alles versuchen, Ihnen eine Kapital-Lebensversicherung zu ›verkaufen‹.

Dabei wird mit allen Tricks gearbeitet. Da werden Lebensversicherungen unter dem Deckmantel der Mitgliedschaft in einem Verein oder Verband angeboten, oder als Sparvertrag, ohne daß das Wort Versicherung erwähnt wird. Da geben sich Versicherungsvermittler als Behördenvertreter aus, kommen angeblich wegen einer Berufsberatung oder sogar ›vom Familienministerium‹. Auch viele Kapitalanlagemöglichkeiten werden klammheimlich mit einer Kapital-Lebensversicherung gekoppelt. Selbst in Banken und Sparkassen werden Kapital-Lebensversicherungen vermittelt. Manchmal stammt die Empfehlung sogar von einem Steuerberater. Also: Äußerste Vorsicht – auch gegenüber honorigen Leuten sowie gegenüber Verwandten und Bekannten, die, ohne daß man es manchmal erkennt, in Versicherungen machen! Es geht um viel Geld – um Ihr sauer verdientes Geld. Das einzige Problem beim Abschluß einer Risiko-Lebensversicherung ist die Festlegung einer angemessenen Versicherungssumme, wobei Ihnen niemand helfen kann. Das ist und bleibt Ihre eigene Entscheidung. Entscheidungshilfen sind bereits auf den Seiten 65 gegeben. Eine weitere Beratung zur Familienversorgung durch eine Risiko-Lebensversicherung ist überflüssig.

Beiträge zu Risiko-Lebensversicherungen sind als Sonderausgaben vom Einkommen abziehbar, also steuerbegünstigt, wenn sie in den Rahmen der Sonderausgaben passen (siehe Seite 123). Wer erkannt hat, daß er eine falsche Kapital-Lebensversicherung besitzt, kann diese verändern oder aufheben (siehe Seite 152). Versicherungsbedingungen siehe Anhang (Seite 190), sonstige Hinweise auf Seite 170.

Berufsunfähigkeits-versicherung

Renten für junge Leute und junge Familien. Wichtig für Berufsanfänger und junge Beamte, für Selbständige ohne Rentenansprüche und Vermögen

Wer braucht eine Berufsunfähigkeitsversicherung?

Eine Berufsunfähigkeitsversicherung braucht jeder, der (noch) keine oder geringe Ansprüche auf Berufs- und Erwerbsunfähigkeitsrenten aus der Sozialversicherung hat (Berufsanfänger) und auch kein Vermögen besitzt, um im Falle der dauernden Berufsunfähigkeit seinen Lebensunterhalt oder den Lebensunterhalt seiner Familie zu bestreiten. Auch Beamtenanwärter haben noch keine Versorgungsansprüche. Und Beamte machen sich oft über die schlechte Versorgung in jungen Dienstjahren falsche Vorstellungen. So erhält ein Beamter bei Dienstunfähigkeit in den ersten zehn Jahren nur 35 Prozent seiner Bezüge. Selbständige haben oft überhaupt keine Rentenansprüche bei Invalidität. Und auch Arbeitnehmer mit zehn und mehr Berufsjahren haben hier keine so hohen Renten zu erwarten, daß sie damit ihren oder den Lebensstandard der Familie halten könnten.

Berufsunfähigkeitsversicherungen können logischerweise nur Berufstätige abschließen. Dabei gilt Hausfrau oder Hausmann nicht als Beruf. Allerdings besteht für diese Personengruppe der Versicherungsschutz der während einer Berufstätigkeit abgeschlossenen Versicherung fort. Schon als Auszubildender kann und sollte man eine Berufsunfähigkeitsversicherung abschließen.

Zwei Dinge sind es vor allem, die die Absicherung der Berufsunfähigkeit schon in jungen Jahren so wichtig machen: Erstens wird durch Invalidität eine Arbeitskraft zerstört, mit der jeder von uns in seinem Arbeitsleben eine oder zwei Millionen DM verdient. Zweitens sind gerade bei Berufsanfängern Versorgungsansprüche entweder noch gar nicht vorhanden oder sehr gering.

Im Falle eines Berufsunfalls wird zwar schon während der Berufsausbildung eine Rente von der Berufsgenossenschaft gezahlt.

Bei Invalidität durch Krankheit besteht ein Anspruch auf Berufsunfähigkeitsrente aber erst nach Ablauf von fünf anrechenbaren Versicherungsjahren in der Sozialversicherung. Bei Erwerbsunfähigkeit durch einen Unfall wird unter gewissen Voraussetzungen – allerdings erst nach der Ausbildung – eine Sozialversicherungsrente fällig.

Aber selbst wenn in diesen Fällen eine Rente gezahlt wird, ist diese nicht sehr hoch.

Die Berufsunfähigkeitsversicherung hat für Selbständige, Freiberufler und freiwillig in der gesetzlichen Rentenversicherung versicherte Angestellte besondere Bedeutung gewonnen, seit nach dem Haushaltsbegleitgesetz 1984 für diese eine Versorgung aus der Sozialversicherung im Falle der Invalitität nicht mehr vorgesehen ist.

Eine Ausnahme gilt nur für Versicherte, die entweder der Versicherungspflicht unterliegen oder die 60 Monatsbeiträge gezahlt haben und ab 1984 fortlaufend wenigstens den Mindestbeitrag entrichten.

Warum braucht man eine Berufsunfähigkeitsversicherung?

Etwa jeder fünfzigste Arbeitnehmer wird lange vor dem Rentenalter ganz oder in erheblichem Umfang berufsunfähig. Die durchschnittliche Berufsunfähigkeitsrente, die zur Zeit an junge Leute gezahlt wird, liegt bei 250 DM im Monat. Die durchschnittlichen Berufsunfähigkeitsrenten liegen bei 700 DM für Arbeiter und 750 DM für Angestellte, die Erwerbsunfähigkeitsrenten bei 1000 DM für Arbeiter und 1200 DM für Angestellte. Von den zur Zeit etwa 3,5 Millionen Berufs- und Erwerbsunfähigkeitsrenten werden nur etwa 10 Prozent aufgrund von Unfällen gezahlt. Die weitaus überwiegende Ursache für ein vorzeitiges Ausscheiden aus dem Arbeitsleben sind Krankheiten, vor allem Herz-, Gefäß-, Rheuma-, Gelenk- und Nervenerkrankungen. Dabei sind nicht nur ältere Berufstätige betroffen, sondern immer mehr auch solche mittleren und jüngeren Alters.

Es empfiehlt sich deshalb, die Berufsunfähigkeitsversicherung neben einer Unfallversicherung abzuschließen und den sich überschneidenden Versicherungsschutz zu kombinieren. Die Unfallversicherung zahlt nur im Falle einer Unfallinvalidität und keine Rente, sondern einen Kapitalbetrag entsprechend einer vereinbarten Versicherungssumme und dem Grad der durch einen Unfall verursachten Invalidität. Die Unfallversicherung ist sehr billig. Ein Versicherter ohne körperliche Tätigkeit zahlt für 100 000 DM Versicherungssumme im Falle der Vollinvalidität nur 72 DM Beitrag im Jahr, ein Versicherter mit körperlicher Tätigkeit (z. B. Handwerker) nur 120 DM (siehe Heyne Taschenbuch 08/9284, *Ratgeber Versicherung*).

Unfallversicherungen können mit einer sogenannten Progression abgeschlossen werden, wodurch die Auszahlung der Versicherungsleistung je nach Invaliditätsgrad auf bis zu 225 Prozent ansteigt. Bei einer Versicherungssumme von

100 000 DM würden bei Vollinvalidität 225 000 DM ausgezahlt. Der Beitragszuschlag für die Progression beträgt etwa 40 Prozent. Bei Abschluß einer Unfallversicherung neben einer Berufsunfähigkeitsversicherung ist die Vereinbarung der Progression aber nicht unbedingt wichtig, da bei einer Invalidität durch Unfall von mehr als 50 Prozent beide Versicherungen zahlen.

Die Berufsunfähigkeitsversicherung zahlt im Falle einer dauernden Berufsunfähigkeit von mehr als 50 Prozent – ob durch Unfall oder Krankheit – eine vereinbarte Monatsrente. Mit Eintritt der Berufsunfähigkeit entfällt auch jede weitere Beitragszahlung. Berufsunfähig ist in jedem Fall, wer über sechs Monate krank und nicht arbeitsfähig ist. Der Versicherte erhält vom 7. Monat an die vereinbarte Rente, bis er wieder arbeitsfähig ist oder bis die Versicherung abläuft – also nicht lebenslang.

Mit welcher Monatsrente eine Berufsunfähigkeitsversicherung abschließen?

Es kommt auf die Familien- und Vermögensverhältnisse an. Die entscheidende Frage bei der Ermittlung der richtigen Monatsrente ist: Was geschieht, wenn Sie morgen dauernd berufsunfähig werden? – Wie hoch sind die Rentenansprüche? Der Bund der Versicherten erstellt überschlägige Berechnungen (siehe Seite 174). – Welches Vermögen (mit welchen Belastungen) ist vorhanden, aus dessen Erträgen eine Rente finanziert werden könnte? – Wer könnte an Ihrer Stelle oder für Sie den Lebensunterhalt verdienen? – Welcher Lebensunterhalt ist erforderlich und für welche Zeit (Zahl und Alter der Kinder)?

Dabei ist zu bedenken, daß aus der Berufsunfähigkeitsversicherungs-Rente auch die ›Rente danach‹ finanziert werden muß – eine Altersrente nach Ablauf des Versicherungsvertrages; denn im 50., 55. oder 60. Lebensjahr hört – je nach Vereinbarung – die Rentenzahlung aus der Berufsunfähigkeitsversicherung auf.

Hier versuchen Vertreter gerne eine Überrumpelung uninformierter Verbraucher mit einem plausibel erscheinenden Argument. Sie halten ihnen als angeblichen Vorteil der Kapital-Lebensversicherung entgegen, daß auch diese mit einem Berufsunfähigkeitszusatz abgeschlossen werden könne, wobei im Invaliditätsfall nicht nur eine Rente gezahlt wird, sondern auch jegliche Beitragszahlung entfällt. Und trotzdem wird bei Ablauf die vereinbarte Versicherungssumme einschließlich einer Überschußbeteiligung ausgezahlt. Nur so sei die Altersversorgung sicherzustellen.

Auch dieser Vertretertrick löst sich in Wohlgefallen auf, wenn Sie erkennen, daß dafür auch ein gewisser Betrag in die Prämie zur Kapital-Lebensversicherung einkalkuliert ist. Diesen Betrag wenden Sie besser zur Erhöhung der Berufsunfähigkeitsrente über die selbständige Berufsunfähigkeitsversicherung auf und können im Invaliditätsfall mit dieser höheren Rente selbst Ihre Altersversorgung ansparen.

Da jeder Versicherte bei der Kapital-Lebensversicherung die Versicherungssumme mit den eigenen Beiträgen anspart, ist die Rechnung ganz einfach: Sie benötigen eine Invaliditätsrente von z.B. 2000 DM im Monat. Der Vertreter meint, Sie brauchten als zusätzliche Altersversorgung eine Versicherungssumme von 100 000 DM, wofür Sie 300 DM Beitrag im Monat bezahlen sollen. Wenn diese Beträge so stimmen, schließen Sie eine selbständige Berufsunfähigkeitsversicherung über 2300 DM monatliche Rente ab (2000 DM zum Lebensunterhalt, 300 DM für die Geldanlage zur zusätzlichen Altersversorgung).

Ein anderes Beispiel: Eine alleinstehende Frau hat sich eine Eigentumswohnung als zusätzliche Altersversorgung gekauft. Damit die Wohnung im Alter 60 abbezahlt ist, muß sie monatlich 300 DM tilgen. Sie deckt jetzt bei Abschluß der selbständigen Berufsunfähigkeitsversicherung nicht nur ihre Versorgungslücke zum derzeitigen Einkommen in Höhe von 1500 DM ab, sondern zusätzlich noch die 300 DM Tilgung für ihre Wohnung. Ihr Vorsorgebedarf für den Fall der Berufsunfähigkeit einschließlich Altersversorgung ist also eine monatliche Rente von 1800 DM. Ein Versicherungsvertreter hätte ihr mit Sicherheit eine Kapital-Lebensversicherung aufgeschwatzt. Dann hätte sie aber im Falle einer Berufsunfähigkeit ihre Tilgung nicht mehr aufbringen können.

Wie und wo eine Berufsunfähigkeitsversicherung abschließen?

Viele Versicherungsunternehmen bieten die Berufsunfähigkeitsversicherung nur in Verbindung mit einer Kapital-Lebensversicherung an. Wenn Sie die vorangegangenen Ausführungen zur Lebensversicherung genau gelesen haben, werden Sie selbst erkennen, warum hier ein sanfter Zwang ausgeübt wird: um möglichst langfristig an wesentlich mehr von Ihrem Geld heranzukommen, als Sie sonst für die selbständige Berufsunfähigkeitsversicherung zu zahlen brauchten. Die meisten Gesellschaften bieten inzwischen auch zu Risiko-Lebensversicherungen einen Berufsunfähigkeitszusatz an. Leider bieten zur Zeit nur wenige Unternehmen eine selbständige Berufsunfähigkeitsversicherung an.

Lassen Sie sich beim Wunsch, eine Berufsunfähigkeitsversicherung abzuschließen, nicht zur Unterschrift unter einen Antrag auf Kapital-Lebensversicherung verleiten. Fallen Sie auch nicht auf den Trick herein, daß Ihnen bei einer solchen Kombination die Rückzahlung all Ihrer Beiträge versprochen wird. Niemand kann Ihnen eine Berufsunfähigkeitsversicherung schenken. Schließen Sie aber eine Berufsunfähigkeitsversicherung in Verbindung mit einer unrentablen Kapital-Lebensversicherung ab, verlieren Sie auf Dauer ein Vermögen.

Diese Verbindung von Berufsunfähigkeitsschutz und Kapital-Lebensversicherung ist aber noch aus einem anderen Grund besonders gefährlich: Ein Großteil der Kapital-Lebensversicherungen wird bekanntlich vorzeitig aufgehoben (bei Ehescheidung, Arbeitslosigkeit, Konkurs, Wegfall von Steuervorteilen, wegen schlechter Rendite oder aus anderen Gründen). Was macht dann aber derjenige, der inzwischen nicht mehr ganz gesund ist und seine Berufsunfähigkeitsversicherung fortführen will? – Er muß die unsinnige Kapitalversicherung widerwillig und unter Verlusten weiterführen oder auf den Berufsunfähigkeitsschutz verzichten, wenn er die Kapital-Lebensversicherung nicht mehr bezahlen kann.

Schließen Sie also nur eine *selbständige Berufsunfähigkeitsversicherung* ab, wie sie zu günstigen Beiträgen die Equity & Law bietet (Equity & Law, Postfach 2360, 6200 Wiesbaden). Angebote sollten auch eingeholt werden von der National Union, dem Gerling und der WWK.

Oder schließen Sie eine Berufsunfähigkeitsversicherung in *Verbindung mit einer Risiko-Lebensversicherung* ab, was alle im Kapitel ›Risiko-Lebensversicherung‹ auf Seite 70 genannten Gesellschaften anbieten und was oft sogar günstig sein kann, weil der Todesfallschutz fast ›gratis‹ ist. Vergleichen Sie hierzu bitte die beiden nachfolgenden Beitragstabellen. Besonders günstig: die Cosmos bei einem Spezialtarif mit fallender Todesfallsumme und Berufsunfähigkeitsrente.

Man kann zwischen verschiedenen Leistungsvarianten wählen, zum Beispiel:

1. Volle Rente ab 50 Prozent Berufsunfähigkeit
2. Rente nach Invaliditätsgrad 25 bis 75 Prozent, ab 75 Prozent Berufsunfähigkeit volle Rente
3. 33,3 Prozent Rente ab Invaliditätsgrad 33,3 Prozent, 100 Prozent Rente ab 66,6 Prozent Berufsunfähigkeit
4. 33,3 Prozent Rente ab Invaliditätsgrad 33,3 Prozent, 66,6 Prozent Rente ab Invaliditätsgrad 50 Prozent und volle Rente ab Invaliditätsgrad 66,6 Prozent.

Die Equity & Law bietet eine besondere Form der Berufsunfähigkeitsversicherung an, die – und das ist neu – eine über die Dauer der Versicherung hinausgehende Rentenzahlung anbietet (z. B. 10 Jahre Versicherungsschutz, Rentenzahlung aber bis zum 60. Lebensjahr). Diese Versicherungsform, die nur etwas billiger ist als die mit übereinstimmender Versicherungs- und Rentenzahlungsdauer, bietet sich eventuell für junge Beamte an, die 10 Jahre nach Vertragsabschluß vielleicht eine erheblich bessere Versorgung im Falle einer Invalidität erhalten. Die Transatlantische Leben bietet einen Spezialtarif an, der für die ersten zwei Jahre einer Berufsunfähigkeit keine Rentenzahlungen vorsieht, dafür aber auch wesentlich billiger ist.

Nachstehend die Beiträge der Equity & Law für eine selbständige Berufsunfähigkeitsversicherung mit 1000 DM Monatsrente (ab 50 Prozent Berufsunfähigkeit, Rentenzahlung endet mit Ablauf der Versicherung):

Jahresbeiträge

	Männer Rente bis Alter			Frauen Rente bis Alter		
Eintritts-alter	50	55	60	50	55	60
18	388,–	417,50	478,80	479,70	524,–	616,–
20	381,80	418,20	481,90	470,50	525,10	620,60
25	374,60	430,80	501,10	456,40	540,60	646,10
30	376,90	447,70	532,50	456,50	562,70	689,90
35	389,40	478,–	578,50	472,–	604,90	755,70
40	388,40	493,40	630,80	467,10	624,70	831,–
45	327,30	482,20	653,50	372,50	604,70	861,70
50		439,80	712,20		516,10	924,80

Nachstehend die Beiträge der Europa und Dialog Leben für eine Risiko-Lebensversicherung über 100 000 DM mit Berufsunfähigkeitsversicherung für 1000 DM Monatsrente:

	Jahresbeiträge					
	Männer			Frauen		
	Rente bis Alter			Rente bis Alter		
Eintritts-alter	50	55	60	50	55	60
25	405,82	480,05	581,76	427,12	510,67	625,60
30	414,59	517,63	642,04	429,22	542,61	674,40
35	438,81	565,49	732,96	442,88	580,87	745,10
40	467,98	624,08	832,40	447,05	616,35	824,60
45	481,36	675,56	937,80	415,67	624,16	894,20
50		712,88	1047,78		588,35	947,80

Auch hier gilt: Von möglichst vielen Gesellschaften Angebote einholen (siehe Kapitel ›Risiko-Lebensversicherung‹).

Haben Sie bereits eine Kapital-Lebensversicherung mit Einschluß einer Berufsunfähigkeitsrente, dann empfiehlt es sich vielleicht, den Berufsunfähigkeitszusatz aus der Kapital-Lebensversicherung auszuschließen und die verbleibende Kapital-Lebensversicherung entweder ganz aufzuheben oder durch eine Verkürzung der Laufzeit und Herabsetzung der Versicherungssumme auf einen Beitrag zu reduzieren, der in den Rahmen der voll abzugsfähigen Sonderausgaben paßt.

Für die Familienversorgung müßte dann anderweitig eine Risiko-Lebensversicherung und eine selbständige Berufsunfähigkeitsversicherung oder beides in der obigen Kombination neu abgeschlossen werden (siehe hierzu die entsprechenden Abschnitte im Kapitel ›Lebensversicherungen‹). Diese Vertragsgestaltung kann einen gleichwertigen Versicherungsschutz bringen bei wesentlich niedrigerer Beitragsbelastung und höherer Rentabilität über eine eigene Anlage der eingesparten Beiträge. Beim Ausschluß des Berufsunfähigkeitszusatzes ist allerdings zu beachten, daß sich die *Gesundheitsverhältnisse nicht verschlechtert* haben dürfen, weil Sie sonst keine neue Versicherung erhalten. Also dieses vor dem Ausschluß durch Probeanträge prüfen lassen (bei einem Probeantrag schreiben Sie nur das Wort ›Probe‹ vor das Wort ›Antrag‹ auf dem Antragsformular, dann sind Sie noch nicht an den Antrag gebunden, wohl aber die Gesellschaft, wenn sie der Annahme des Antrags zustimmt).

Die Beiträge zu einer Berufsunfähigkeitsversicherung sind, wenn sie in den Rahmen passen, als Sonderausgaben steuerbegünstigt (siehe Seite 123). Das heißt: Wer 400 DM Jahresbeitrag zahlt und diesen vom Einkommen absetzen kann, spart – bei 25 Prozent Steuern – 100 DM, zahlt also effektiv nur 300 DM für diesen sinnvollen Versicherungsschutz (Versicherungsbedingungen siehe Anhang Seite 190).

Kapital-Lebensversicherung

Bestandsaufnahme

Lebensversicherungen, Familienversorgung und eine Absicherung für den Fall der Invalidität könnten so einfach sein und dieses Buch könnte an dieser Stelle enden, wenn da nicht die Kapitalgier der Versicherungsgesellschaften wäre und wenn es nicht die 50 Millionen falsch abgeschlossenen Kapital-Lebensversicherungen gäbe. Kapital-Lebensversicherungen gibt es in den verschiedensten Varianten: Sterbegeld-, Aussteuer- und Ausbildungsversicherungen sind Kapitalversicherungen. Auch die Vermögensbildende Lebensversicherung (siehe Seite 134) ist eine Kapitalversicherung ebenso wie die Direktversicherung (siehe Seite 135).

Für Kapitalversicherungen gibt es eine Reihe von Zusätzen: den Unfallzusatz, der einen Versicherungsschutz meistens in gleicher Höhe der Versicherungssumme für den Unfalltod einschließt. Das bedeutet, daß in einem solchen Fall die doppelte Versicherungssumme an die Hinterbliebenen gezahlt würde. Was aber kaum jemand erkannt hat: Dieser Versicherungsschutz ist viel zu teuer. Er kostet pro 1000 DM etwa 1,40 bis 1,50 DM im Jahr. Über eine günstige Unfallversicherung braucht der Versicherte nur die Hälfte zu zahlen. Außerdem gibt es den Berufsunfähigkeitszusatz in zwei Variationen: einmal als Vereinbarung einer Beitragsbefreiung bei mehr als

50 Prozent Invalidität, zum anderen mit dieser Beitragsbefreiung und einer zusätzlichen Rente, die in Prozenten der Versicherungssumme – zum Beispiel 12 oder 24 Prozent – vereinbart werden kann.

Die Werbemanager denken sich außerdem immer wieder neue Bonbons aus, um die Bürger zum Abschluß der mehr und mehr angegriffenen Kapital-Lebensversicherung zu verführen. Das wollen sie erreichen durch das Versprechen vorzeitiger oder laufender Auszahlungen aus – natürlich langfristigen – Kapitalversicherungen. Das versuchen sie außerdem zu erreichen, indem sie in Risikoversicherungen eine – natürlich auch wieder langfristige – Kapital-Lebensversicherung verstecken. Sie täuschen die Trennung von Versicherung und Geldanlage bei fondsgebundenen Lebensversicherungen vor oder werben mit Baufinanzierungen oder Berufsunfähigkeitsschutz für die dafür wenig sinnvolle Kapital-Lebensversicherung.

Fragwürdige Werbemethoden: Drücker und scheinbar seriöse Werber

Wie Pilze schießen derzeit Vermittlungsgesellschaften und Spezialangebote für bestimmte Zielgruppen wie junge oder alte Leute sowie für alle möglichen Berufsgruppen aus der Erde. Da werden Kapital-Lebensversicherungen unter Bezeichnungen wie ›Jugendschutzbriefe‹, ›Vermögensplan‹ oder ›Die große Kapitalbildung‹ verkauft. Alten Leuten verspricht man Sicherheit für wenig Geld und ohne Gesundheitsprüfung (ein ›teures Glücksspiel für Kranke‹, an dem sich Gesunde nicht beteiligen sollten). Und manche Gesellschaften bezeichnen sich als die ›Ärzte- oder Anwalts- oder Handwerkerversicherung‹. Auch vor Vertretern angesehener Verbände und Institutionen sollten Sie sich in acht nehmen. Einen weiteren Trick hat *Capital* (3/84) entdeckt: »Aachener und Münchener – Sektenanhänger verkaufen Policen«.

Sie sollten am besten mit niemandem über Ihre private Zusatzversorgung sprechen, wenn Sie nicht vorher ein eigenes Versicherungskonzept fix und fertig erarbeitet haben. Oder machen Sie sich einen Stempel, den jeder in Ihrer Familie vor der Unterzeichnung unter alle Verträge drücken sollte: »Ich beabsichtige nicht, eine Kapital-Lebensversicherung abzuschließen!« Dann könnte auch den Kindern nicht passieren, was ein Vater wie folgt schildert: »Eine meiner Töchter rief mich an und sagte mir, sie hätte einen Sparvertrag abgeschlossen, müßte monatlich 100 DM Beitrag bezahlen und erhalte nach einigen Jahren in regelmäßigen Abständen das eingezahlte Geld nebst Zinsen zurück. Meine Tochter ist 24 Jahre alt, und es war ihre erste selbständige Handlung. Vor einigen Wochen brachte sie die Unterlagen mit nach Hause, und zu meinem und zu ihrem Erstaunen mußte ich feststellen, daß sie eine Kapital-Lebensversicherung über 30 000 DM bei der Aachen-Münchener abgeschlossen hatte.« (Tausende von DM sind verloren.)

Die Schilderung eines anderen Falles: »Dieser Tage kam ein Herr zu mir und stellte sich vor, daß er vom Jugendamt käme und mich einmal über das Jugendschutzgesetz und über die Berufsgenossenschaft aufklären wollte. Nachdem er dann mit seinem Vortrag zu Ende war, legte er einen Antrag auf Lebens- und Unfallversicherung vom Deutschen Ring vor.«

Ein weiterer Fall: »Heute kam ein Vertreter an meine Tür, der sich den Kindern, als ich nicht zu Hause war, bereits schon einmal als ›Familienhilfe‹ vorgestellt hatte. Heute nun machte er sich im Garten an meinen fast 18jährigen Sohn heran, dessen Daten inklusive Namen und Berufswahl er – wer weiß woher?! – kannte. Er stellte sich meinem Sohn als ›Berufsberater‹ vor. Erst als ich ihn festnagelte, wich er aus, und es stellte sich heraus, daß er von der Hamburg-Mannheimer Versicherung kam und nichts weiter wollte, als einem Jugendlichen eine Versicherung aufzuschwatzen.« Hoffentlich tun alle Bürger es im Umgang mit solchen Drückern dieser resoluten

Dame gleich, die schreibt: »Ich habe diesem Mann sehr schnell die Lust genommen, sich noch einmal hier blicken zu lassen.«

Wenn junge Menschen eine langfristige Kapital-Lebensversicherung abschließen, dann ist das vor allem aus zwei Gründen unsinnig: Erstens brauchen sie, solange sie niemanden zu versorgen haben, überhaupt keinen Versicherungsschutz für den Todesfall, den sie aber unnötigerweise mit den Beiträgen zur Kapitalversicherung bezahlen. Zum anderen hindern die relativ hohen Versicherungseiträge junge Leute daran, bis zur Familiengründung, bis zum Kauf einer kleinen Eigentumswohnung oder bis zum Bau eines Hauses sich ein Startkapital anzusparen.

Ganz schlechte Rendite wurde in eine schlechte ›verbessert‹

Eine Kapital-Lebensversicherung braucht eigentlich niemand; denn diese sogenannte Lebensversicherung ist überhaupt keine Versicherung. Neunzig Prozent dieser Versicherung sind ein Sparvorgang – mit einer schlechten Rendite. Nicht einmal zehn Prozent des Beitrages zu einer solchen Lebensversicherung werden für die eigentlichen Versicherungsfälle verwendet, also bei vorzeitigem Tod von Versicherten ausgezahlt. Sie kennen sicher die abgebildete Werbung der letzten Jahre:

Eine Verdoppelung in dreißig Jahren entsprach einer Rendite von etwa 4,5 Prozent jährlich. Die Lebensversicherungsunternehmen erzielten dagegen einen jährlichen Wertzuwachs von acht Prozent und mehr. Wenn also die Versicherten nur 4,5 Prozent als Dividende bekamen, dann sind etwa vierzig Prozent des Geldes und seiner Erträge auf der Strecke geblieben – als Kosten und Gewinne der Gesellschaften, unter zehn Prozent für Versicherungsfälle.

Der Filialleiter einer Sparkasse, gefragt nach dem Zinssatz für eine Verdoppelung jährlich eingezahlter Beträge in dreißig Jahren, schätzte ›sieben bis acht Prozent‹. Die Zinstabelle sagt etwas ganz anderes: unter 4,5 Prozent! – Insofern war die Lebensversicherungswerbung mit der ›Verdoppelung in dreißig Jahren‹ und der ›Geldanlage mit hoher Rendite‹ schon in sich widersprüchlich.

Dem Argument der niedrigen Rendite wird natürlich ein geschulter Versicherungsvertreter gleich den Versicherungsschutz entgegenhalten, der ja schließlich schon nach Zahlung des ersten Beitrages besteht und bei einer Renditeberechnung berücksichtigt werden müsse. Doch dieser kostet – wie schon erwähnt – nur ein Zehntel des Beitrages zur Kapital-Lebensversicherung. Das heißt: die Rendite des in eine Kapital-Lebensversicherung eingezahlten *Spargeldes* betrug im Durchschnitt pro Jahr nur 5 bis 5,5 Prozent. Und das war bei einer Laufzeit von durchschnittlich dreißig Jahren doch reichlich mager – vor allem, wenn man dazu noch die Inflationsrate berücksichtigt, die in den letzten zwanzig Jahren Durchschnittswerte von vier bis fünf Prozent erreichte.

Um diese wichtigen Daten abzusichern, nachfolgend einige Zitate. So ist in einem Gutachten, das noch von der sozialliberalen Regierung in Auftrag gegeben wurde, nachzulesen (Forschungsinstitut für Wirtschaftspolitik an der Universität Mainz, Februar 1982, Seite 137 f.): »Es kann ohne allzu großes Fehlerrisiko für die Rentabilität der Lebensversicherung als Geldanlage ohne Berücksichtigung der Steuerbegünstigung ein Wert von etwa 5 Prozent angenommen werden. Dieses Ergebnis läßt schon vermuten, daß ein Vergleich mit der Rendite anderer Anlagemöglichkeiten zuungunsten der Lebensversicherung ausgehen muß.«

Dr. Finsinger vom Wissenschaftszentrum Berlin hatte im Jahre 1982 den Beitrag für den Versicherungsschutz im Todesfall aus der Lebensversicherungsprämie herausgerechnet und kam zu dem Ergebnis, daß die »durchschnittliche Rendite des Sparvorganges oder der Sparkomponente« in einer Kapital-Lebensversicherung für den Versicherten 5,5 Prozent betrug, stellte aber in seiner Untersuchung ›Versicherungsmärkte‹ (1982) gleichzeitig fest: »Die Rendite von 5,5 Prozent wird nicht annähernd erreicht, wenn das Lebensversicherungssparen vor Ende der 25jährigen Laufzeit abgebrochen wird. Dann nämlich kann die Rendite der Sparkomponente sogar unter Null sinken.« In der *Frankfurter Allgemeinen*, ›Blick durch die Wirtschaft‹, vom 18. 2. 1983 ergänzte Dr. Finsinger das Ergebnis seiner Untersuchungen noch durch den Hinweis: »Da zwei Drittel aller Lebensversicherungsverträge vorzeitig aufgelöst werden, ist der Rückkauf für die Beurteilung des Lebensversicherungssparens sicher von Bedeutung. Die Rückkaufswerte sind so gering, daß die reale Verzinsung im Mittel weit unter Null liegt.« (Rückkaufswert siehe Seite 153.)

Um frühere Aussagen zur Rendite von Kapital-Lebensversicherungen komplett zu machen, noch einmal Dr. Finsinger, ›Versicherungsmärkte‹, Seite 156: »Die Rendite der Sparkomponente ist Null, wenn die Geldentwertungsrate berücksichtigt wird.« – Fassen wir zusammen:

Die Rendite der Kapital-Lebensversicherung lag bei fünf Prozent. Rechnet man den Versicherungsschutz mit ein, lag sie bei 5,5 Prozent. Zieht man die Inflationsverluste ab, war die Rendite fast Null. Wurde eine Kapital-Lebensversicherung vorzeitig aufgehoben, ergab sich eine Rendite von weit unter Null, also ein Verlust.

Dagegen geistern durch nahezu alle Medien – von den Mitteilungen der IHK Frankfurt bis hin zur angesehenen Wochenzeitung *Die Zeit* – völlig falsche Renditeberechnungen der Lobby, die einmal nur auf durchgehaltene Verträge abstellt und nicht auf die Millionen unter großen Verlusten aufgehobenen Verträge. Zum anderen werden in diese Lobbyrechnungen einerseits Rendite-Bestzahlen ausgesuchter Unternehmen einbezogen, andererseits aber ein völlig falscher Beitrag für einen vergleichbaren Versicherungsschutz über eine Risiko-Lebensversicherung. Der Rechenfehler beträgt fast fünfzig Prozent und erreicht letzten Endes eine Größenordnung von Zehntausenden von DM. Erkennen können dieses nur Experten, nicht aber die irregeführten Verbraucher.

Neuerdings geben viele Gesellschaften und Vertreter Renditezahlen von über 7 Prozent an, die sich allerdings nur auf den Sparanteil der Lebensversicherungsprämie beziehen. Die Höhe des Sparanteils ist aber unbekannt. Also ist auch die Angabe eines Prozentsatzes ohne jede Bezugsgröße völlig wertlos. Halten Sie sich an das oben zitierte Regierungsgutachten, in dem es dazu heißt:

»Es ergibt sich somit keineswegs das günstige Bild, das von der Lebensversicherungswerbung bezüglich der Rentabilität einer Lebensversicherung sehr pauschal gezeichnet wird.«

Zeitschriften – insbesondere *Capital, Der Spiegel, Stern* und *Wirtschaftswoche* – erheben seit Jahren heftige Vorwürfe gegen die Lebensversicherungsbranche, siehe Seite 29. Die Kritik an der Kapital-Lebensversicherung und der Aufsichtsbehörde zusammen mit dem Urteil über den ›legalen Betrug‹, das Buch *Ratgeber Versicherung* (Heyne Taschenbuch 08/9284), die Öffentlichkeitsarbeit des Bundes der Versicherten und die Reaktion mutiger Bürger haben bewirkt, daß die Lobby sich entschließen mußte, die – so *Capital* – vielfach ›klägliche‹ Überschußbeteiligung der Versicherten, die ja nicht vertraglich festgelegt und garantiert ist, vom Jahre 1984 an freiwillig zu verbessern.

So *assekuranz intern:* »Es ist verständlich, daß sich die deutschen Versicherer so lange wie möglich dagegen gewehrt haben, ein System in Frage stellen zu lassen, das ihnen jahrzehntelang erhebliche Vorteile gebracht hatte. Es ist ihnen aber vorzuwerfen, daß sie diesen Widerstand auch noch fortsetzten, als die Notwendigkeit von Veränderungen bereits offenkundig und abzusehen war, daß diese Veränderungen notfalls durch staatliche Eingriffe erzwungen werden würden. Die Lebensversicherungsunternehmen sind nun endlich entschlossen, der immer stärker werdenden Kritik an der bisherigen Gewinnbeteiligung Rechnung zu tragen. Sie haben offenbar eingesehen, daß vor allem die ständige Polemik der Verbraucherschützer – allen voran Hans Dieter Meyer, Hamburg – an den Lebensversicherungskunden nicht spurlos vorübergegangen ist. Man darf in diesem Schritt auch das Eingeständnis der Unternehmen feststellen, daß diese Polemik einen wahren Kern enthält. Der zunehmende Druck der öffentlichen Meinung hat also nun doch dazu geführt, daß sich die Branche den notwendigen Reformen zugänglicher zeigt als bisher.«

Diese Reform beschreibt der Verbandspräsident der Lebensversicherungsunternehmen als ›Aufbruchstimmung‹: »Die für 1984 angekündigte Verbesserung der Gewinnbeteiligung um etwa zehn Prozent, die etwa zu einer Milliarde DM Mehrauszahlungen an die Kunden führen wird, ist ein entscheidender Schritt auf diesem Wege.«

Die Kapital-Lebensversicherung – immer noch nicht empfehlenswert

»Die erste Milliarde ist gerettet«, schrieb der Bund der Versicherten in seinem Mitteilungsblatt, und der Moderator einer Fernsehsendung (NDR am 3. 6. 83) meinte: »Der Bund der

Versicherten hat hier etwas Gutes bewirkt.« Der Verbandssprecher der Lebensversicherungsunternehmen äußerte sich am 30. 4. 83 im *Hamburger Abendblatt* zu dem Prozeß über den ›legalen Betrug‹: »Jubeln tun wir über die Sache nicht. Aber Kritik führt auch dazu, daß man sich Gedanken macht. Und das ist positiv.«

Der Bund der Versicherten (Seite 174) hat damit gegen die wohl mächtigste Lobby Milliardenbeträge für die Bundesbürger erstritten und wird auch weiter um noch mehr Gerechtigkeit kämpfen.

So schreibt *assekuranz intern* am 8. 4. 1983: »Bekanntlich bohrt Hans Dieter Meyer mit seinem Bund der Versicherten ständig an diesem Thema herum. Seine Hartnäckigkeit wird verhindern, daß die Diskussion dieses Themas einschläft.« Und im *stern* vom 25. 4. 1983 war zu lesen: »Dem Geschäftsführer des Bundes der Versicherten, Hans Dieter Meyer, geht solches Entgegenkommen nicht weit genug: ›An dem widerrechtlichen Eingriff in das Eigentum der Kunden ändert sich dadurch grundsätzlich nichts.‹« Tatsächlich bringt der reumütige Verzicht der Lobby auf ›Spielgeld‹ in Höhe von einigen Milliarden DM noch lange keine so wesentliche Verbesserung, daß dadurch die Kapital-Lebensversicherung zur Familienversorgung empfehlenswert wird.

Nach wie vor weiß keiner, wem welches Geld gehört. Nach wie vor ist die Rendite bei langen Laufzeiten unter Berücksichtigung der Inflation schlecht. Sie ist noch immer nicht garantiert. Und die hohen Verluste bei vorzeitiger Kündigung sind nach wie vor gegeben.

Das hat sich auch nicht mit der ›Reform‹ der Kapital-Lebensversicherung im Jahre 1987 geändert. Die Beiträge (vor allem die Risiko- und Verwaltungskostenanteile) wurden zwar gesenkt – vor allem für Frauen, weil deren um sieben Jahre längere Lebenserwartung berücksichtigt wird. Dafür ist aber auch zwangsläufig die künftige Überschußbeteiligung geringer. Der einzige Fortschritt ist, daß die Auszahlungen bei vorzeitiger

Kündigung (Rückkaufswerte) verbessert werden, allerdings nur für Neuverträge. Die meisten Gesellschaften wollen künftig nach Ablauf des zweiten Versicherungsjahres mindestens 65 Prozent der eingezahlten Beiträge zurückerstatten. Aber auch auf diese verlorenen ›Abschlußkosten‹ werden die Interessenten bei Antragsstellung noch immer nicht konkret hingewiesen.

Wegen der nach wie vor ungeregelten Überschußbeteiligung führt der Bund der Versicherten seit 1987 einen Musterprozeß zu einer im Jahre 1986 ausgezahlten Kapital-Lebensversicherung, bei der die Ablaufrendite des Vertrages praktisch Null war, die Rendite des reinen Sparvorganges nur etwa 3,5 Prozent. Dieser Prozeß kann Auswirkungen auf alle etwa 50 Millionen bestehenden Kapital-Lebensversicherungen haben. Das Verfahren ist im Jahre 1989 beim Hanseatischen Oberlandesgericht in Hamburg anhängig und wird mit Sicherheit zum Bundesgerichtshof oder Bundesverfassungsgericht gehen.

Erinnern wir uns noch einmal an die weise Voraussicht des Amerikaners Elizur Wright aus dem Jahre 1877: »Da in der Lebensversicherung Dinge miteinander vermengt sind, die getrennt werden sollten, und weil das Wissen darüber, was bei einem solchen Vertrag eigentlich vor sich geht, nur auf einer Seite vorhanden ist, und weil dadurch die Möglichkeit des Schwindels bei Lebensversicherungen so groß ist, muß man sich fragen, ob Lebensversicherungen jemals mit einem gewissen Grad von Ehrlichkeit betrieben werden.« Tatsächlich liegt die Ursache für alle Lebensversicherungsprobleme in der Vermengung des Versichertengeldes, das für Versicherungsfälle und zum Sparen hingegeben wird, mit dem Entgelt für die Dienstleistungen der Gesellschaften, also mit dem Unternehmensgeld für die Kosten und Gewinne. Sprecher zu dem Film einer ›plusminus‹-Fernsehsendung: »Abschluß einer Lebensversicherung als Kapitalanlage. Die monatliche Prämie steht fest, nicht aber wieviel davon tatsächlich in die Vermögensanlage fließt und damit später dann dem Versicherten mitsamt den Zinsgewinnen zugute kommt.«

Da wird immer wieder – auch von Verantwortlichen – gesagt, die Risiko- und Sparanteile der Lebensversicherungsprämien, ihre Überschüsse und die daraus gebildeten Reserven gehörten den Versicherten. Der Präsident des Aufsichtsamtes, August Angerer, rief den Gesellschaften kürzlich zu: »Hände weg von den Überschüssen!« – Fragt man ihn und andere aber, welche Gelder und welche Überschüsse in den Vermögensmassen der Unternehmen eigentlich den Versicherten gehören und von denen die Unternehmen ›die Hände weglassen‹ sollen, dann kann niemand diese Frage beantworten, weil die Trennung von Versicherten- und Unternehmensgeldern tatsächlich nicht durchgeführt wird – der Ursprung aller Mißstände.

»Der große Vermögenstopf enthält die Sparanteile der Kunden ebenso wie das Geld der Aktionäre. Beide Vermögensmassen lassen sich nicht auseinanderrechnen« (*Capital,* 9/80). Diese Vermengung von Geld aus verschiedenen Portemonnaies war für die Unternehmen sehr vorteilhaft und hat ihr beliebiges Verfügen über gewaltige Vermögensmassen überhaupt erst möglich gemacht. So Professor Krycha: »Die bisher geübte Praxis, eine ungeteilte Prämie zu erheben, hat zu einer falschen Struktur des deutschen Versicherungswesens geführt, die dringend korrigiert werden muß. Diese Struktur hat nur den Versicherungsunternehmen Vorteile gebracht; für die Versicherten ist sie dagegen mit Nachteilen verbunden: Sie hat

- eine eindeutige Eigentumszuordnung der Versichertengelder unmöglich gemacht,
- einen marktgerechten Wettbewerb der Versicherungs-Dienstleistungsbetriebe verhindert,
- Gewinn- und Kostenverschiebungen zu Lasten der Versicherten begünstigt und damit eine Abwälzung des unternehmerischen Risikos aus dem Dienstleistungsbetrieb auf die Versicherten verursacht,

- hohe Gewinne für die Versicherungsunternehmen und niedrige Rückerstattungen an die Versicherten entstehen lassen,

um nur einige Mängel des für die Versicherungsunternehmen günstigen Systems der ungeteilten Prämie aufzuzeigen.«

Drei Dinge sind vermengt, die getrennt werden sollten

1. Versicherung als Leistung der Versicherten, die einen Teil des Lebensversicherungsbeitrages für die Zahlung der Versicherungssummen bei vorzeitigen Sterbefällen bereitstellen. Lassen Sie sich hier nicht verdummen und sich Versicherung als Leistung der Gesellschaft verkaufen. Versicherungsleistungen werden mit dem Geld der Versicherten erbracht! (Womit denn sonst? – So schreibt Professor Mahr im Versicherungswirtschaftlichen Studienwerk: »Die Risikoanteile sind Leistungen, die die Versicherten aufgebracht haben.«)
2. Sparen (auch das ist natürlich eine Leistung der Versicherten – Professor Mahr: »Die Sparanteile sind Leistungen, die die Versicherten aufgebracht haben« – wer sonst?)
3. Dienstleistungen der Gesellschaften und ihrer Vertreter (Vertragsabschluß, Einzug, Verwaltung, Verteilung und Anlage der Versichertengelder). Auch hierzu stellt Professor Mahr ganz eindeutig fest, daß sich die »organisatorische Leistung, die die Versicherungsunternehmungen zu diesen Vorgängen (Versicherung und Sparen) beitragen, in dem dafür bezahlten Entgelt, eben im Verwaltungskostenanteil, ausdrückt«. – Leider kennt keiner dieses Entgelt. Und auch der Bundeswirtschaftsminister schrieb im Jahre 1981 (ID 2–020030): »Der Preis für die Dienstleistungen der Versicherungsunternehmen ist nur der Verwaltungskostenanteil.« Dieser Preis wird von den Versicherungsunternehmen aber nicht angegeben.

Über die Dinge, die in einer Kapital-Lebensversicherung vermengt sind und getrennt werden sollten, schreibt Prof. Dr. Klaus-Thomas Krycha (Frankfurt) im Jahre 1982 in einer ›Gutachterlichen Stellungnahme zur Problematik der Versicherung‹:

»Die Versicherungsprämie, die für die gemischte Lebensversicherung erhoben wird, setzt sich aus den folgenden drei Komponenten zusammen:

1. Verwaltungskostenanteil (plus angemessener Gewinn)
2. Risikoanteil (Versichertengeld für vorzeitige Sterbefälle)
3. Sparanteil (Versichertengeld)

Lediglich der Teil der Prämie, der den Preis für die Dienstleistung darstellt, also der Verwaltungskostenanteil, geht in das Eigentum des Versicherungs-Dienstleistungsbetriebes über; der Risikoanteil und der Sparanteil verbleiben dagegen im Eigentum der Versicherten beziehungsweise der Versichertengemeinschaft; sie sind treuhänderisch zu verwalten.«

Bis hierhin sind sich eigentlich alle halbwegs einig. So kalkulieren die Lebensversicherungsunternehmen auch nach entsprechenden Vorschriften des Aufsichtsamtes ihre Prämien den Ausführungen von Professor Klaus-Thomas Krycha entsprechend:

1. Verwaltungskosten von sieben bis acht Prozent der Prämien und Abschlußkosten von fünfunddreißig Promille der neu abgeschlossenen Versicherungssumme, was zusammen – je nach Höhe der Neuabschlüsse – etwa fünfzehn bis zwanzig Prozent der gesamten Prämieneinnahme ausmacht.
2. Der Risikoanteil (Versichertengeld für vorzeitige Sterbefälle) wird mit etwa zwanzig Prozent der Prämie kalkuliert.
3. Der Rest der Prämie macht den Sparanteil aus (Versichertengeld, etwa sechzig Prozent), der mit drei Prozent zu verzinsen ist und zusammen mit diesen Zinsen über die Laufzeit die Versicherungssumme ergibt.

Nun geschieht aber in der Regel folgendes:

1. Die Lebensversicherungsunternehmen überschreiten fast alle ihre Kostenkalkulationen, die mit etwa fünfzehn bis zwanzig Prozent der Prämieneinnahme kalkuliert sind. In seiner Untersuchung ›Versicherungsmärkte‹ vom Juni 1982 ermittelt Dr. Finsinger vom Wissenschaftszentrum Berlin Durchschnittskosten von 27 Prozent der Prämieneinnahme bei Lebensversicherungen. (Bei gleichen Leistungen kommen Banken mit zwei bis drei, die Rentenversicherung mit 1,8 und Versicherungsunternehmen in Osteuropa mit sechs bis sieben Prozent aus.) Dazu *Capital* (10/78): »Die insgesamt hohen Kostensätze für den vergleichsweise einfachen und problemlosen Betrieb einer Lebensversicherung überraschen.« Bei kalkulierten Kosten von fünfzehn bis zwanzig Prozent und tatsächlichen Kosten von fünfundzwanzig bis vierzig Prozent entstehen zwangsläufig unternehmerische Verluste bei den Versicherungs-Dienstleistungsbetrieben in Höhe von etwa zehn Prozent der Prämie.
2. Der Risikoanteil ist mit zwanzig Prozent von den Gesellschaften viel zu hoch kalkuliert. Die Lebensversicherungsunternehmen kommen für Versicherungsleistungen bei vorzeitigen Sterbefällen mit zehn Prozent der Prämie aus. Auch nach der 87er Reform entstehen sogenannte Sterblichkeitsgewinne oder Risikoüberschüsse in Höhe von etwa zehn Prozent der Prämie.
3. Die Unternehmen erzielen selbstverständlich höhere Erträge aus der Anlage des Versichertengeldes als die vorgeschriebenen drei Prozent, in den letzten Jahren zwischen sieben und acht Prozent. Mithin entstehen sogenannte Zinsgewinne oder Zinsüberschüsse.
4. Aus der Anlage des Geldes der Versicherten – vor allem in inflationsbedingt im Wert steigenden Grundbesitz – entstehen sogenannte ›stille Reserven‹ (Differenz der tatsächlichen Anlagewerte zu den meist abgeschriebenen Buchwerten).

Und jetzt findet zwischen den Positionen 1 bis 4 – nach außen unbemerkt – ein beliebiges Ausgleichen und Saldieren statt. Und genau das ist der Punkt, wo der eigentliche Streit um die Kapital-Lebensversicherung einsetzt. Die Lebensversicherungsunternehmen machen nämlich folgendes:

Sie gleichen ihre unternehmerischen Verluste mit den Überschüssen aus den Bereichen 2. und 3. und oftmals auch durch Realisierung stiller Reserven aus – also mit Versichertengeld! Sie finanzieren trotz unternehmerischer Verluste einen ›Unternehmensgewinn‹, Dividenden, Gratisaktien, Bezugsrechte und Eigenkapital – auch mit Versichertengeld und dessen Überschüssen. Sie verwenden Versichertengeld und dessen Überschüsse gelegentlich sogar, um Verluste bei konzernverbundenen Unternehmen auszugleichen, mit denen die Lebensversicherten überhaupt nichts zu tun haben. Und sie verschwenden Milliarden für völlig sinnlose Kosten.

Ungeklärte Eigentumsverhältnisse: treuhänderische Verwaltung – ja oder nein?

In einem Verbandsprospekt ›Ihre Zukunft in sicherer Hand‹ war bis vor kurzem auf Seite 7 nachzulesen, daß »die Lebensversicherungsunternehmen die *treuhänderisch verwalteten Gelder ihrer Versicherten* sicher und gewinnbringend anlegen«. Inzwischen hat man es sich anders überlegt. So ist in der Anlage 7 zum Rundschreiben der Gothaer Lebensversicherung vom 19. 1. 1984 nachzulesen: »Wenn behauptet wird, daß es sich bei den Vermögenswerten um das Eigentum der Versicherten handelt, das von den Lebensversicherungsunternehmen lediglich treuhänderisch verwaltet wird, stellt die Versicherungswirtschaft die Rechtslage klar: Die Vermögenswerte sind Eigentum des Versicherungsunternehmens.«

Die nebenstehende Grafik zeigt, wie sich Versicherungsgesellschaften ungerechtfertigt am Versichertengeld bereichern.

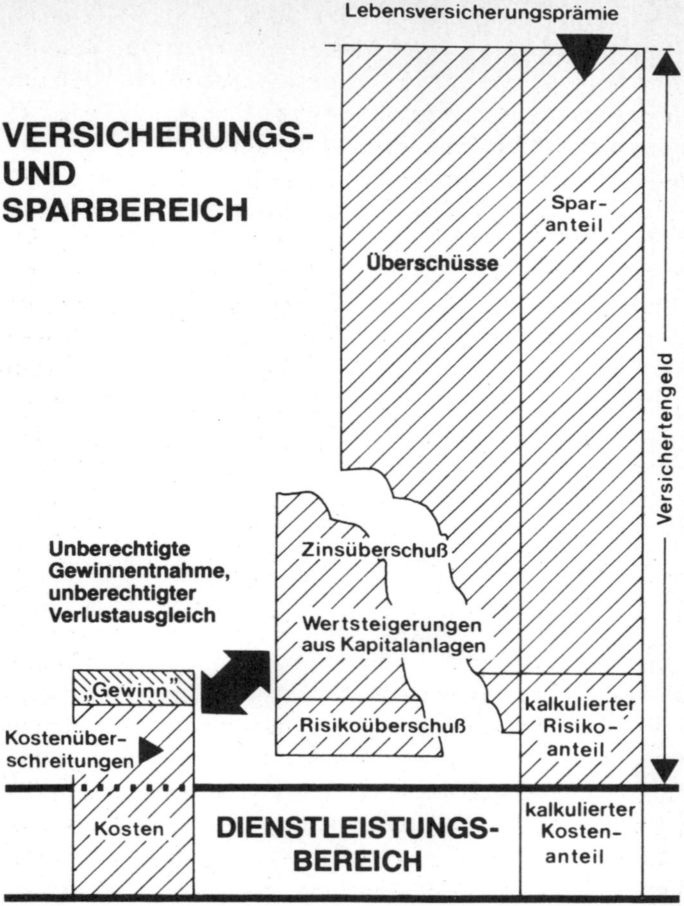

Zinsüberschüsse entstehen aus der Anlage des Versichertengeldes

Risikoüberschüsse entstehen, weil das Aufsichtsamt die fast 100%ige Überkalkulation der Risikobeiträge für vorzeitige Sterbefälle verlangt

Was tat man mit dem Verbandsprospekt, der Gegenteiliges versprach? Nach einer Lobby-Meldung wurde er »in einigen Gestaltungselementen verändert«. Tatsächlich wurde der oben zitierte Text über die ›treuhänderische Verwaltung der Versichertengelder‹ gestrichen. Jetzt ist dort nur noch die Rede von ›Anlage der Beiträge‹. Weil es sich die Lobby anders überlegt hat, sollen plötzlich Millionen Lebensversicherte – mit einem Federstrich – um Hunderte von Milliarden enteignet sein!? Diese kühne Behauptung, die durch nichts zu belegen ist und im Widerspruch zu unserer Rechts- und Wirtschaftsordnung steht, wird in nächster Zeit der Bund der Versicherten durch Musterprozesse, Verfassungsklagen und Strafanzeigen angreifen und mit Sicherheit aus der Welt schaffen. Schon jetzt läßt sich sagen, daß nahezu alle Lebensversicherten – unter staatlicher Aufsicht – legal betrogen worden sind und ihre Lebensversicherungsverträge aus vielerlei Gründen anfechten könnten.

Wie die Versicherungsunternehmen mit den Versichertengeldern umgehen, beschreibt die Zeitschrift *Capital* (10/79 und 2/83): »Fast 34 Milliarden DM zahlten die Bundesbürger im letzten Jahr für ihre Lebensversicherungspolicen. Etliche Versicherungsgesellschaften wirtschaften mit diesem Geld auf merkwürdige Art und Weise ... Sie machen es sich einfach. Übersteigen ihre Kosten die zuvor kalkulierte Höhe, dann nehmen sie das zusätzliche Geld aus den Überschüssen, die ihnen die Vermögensanlagen und der vorsichtig berechnete Sterblichkeitsverlauf automatisch bescheren. Das aber sind Beträge, die eigentlich den Versicherten zustehen ...

Presseberichte über einen Gesamtverlust von 30 Millionen DM hat der Deutsche Ring bisher nicht dementiert. Es können ebensogut auch 50 Millionen DM, und damit fast das Doppelte des Eigenkapitals, gewesen sein. Für diesen immensen Schaden sind nicht etwa die Eigentümer aufgekommen. Der Industrielle Oetker und die Vereins- und Westbank kassierten 1977 und 1978 ungerührt die unveränderte Dividende von jeweils

14 Prozent, so als wäre nichts geschehen. Für die Verluste mußten ganz allein die Versicherten geradestehen. Das schafften die Eigentümer mit einem *Trick*. Aus dem stattlichen Treuhandvermögen der Gesellschaft von mehr als 2,6 Milliarden DM verkauften sie Werte, deren Marktpreis höher war als der Ansatz in den Büchern. Auf diese Weise erzielte der Deutsche Ring in den letzten beiden Jahren mehr als 50 Millionen DM sogenannte Buchgewinne. Das ist zwar nicht gesetzeswidrig, aber keineswegs die Art des feinen Mannes.«

Capital, 8/82: »Der zweitgrößte deutsche Lebensversicherer geht auf merkwürdige Art mit dem ihm anvertrauten Geld um. Er hat aus dem Portemonnaie der Volksfürsorge Leben, dessen Inhalt die Ansprüche ihrer Beitragszahler sichern soll, 55 Millionen DM genommen und mit dem Geld Verluste im internationalen Rückversicherungsgeschäft ausgeglichen. Damit nicht genug: Er kaufte der in Bilanzbedrängnis geratenen Bank für Gemeinwirtschaft ein Viertel der Aktien der Allgemeinen Hypothekenbank zu dem im Vergleich sehr hohen Preis von rund 200 Millionen DM ab.«

Das *Handelsblatt* schrieb hierzu: »Dies ist skandalös, weil es jetzt in Wirklichkeit die Millionen von Lebensversicherten sind, auf deren Rücken der Ehrgeiz, unbedingt im Ausland eine (verlust)tragende Rolle zu spielen, ausgetragen wird.«

Der Spiegel, 19/81, Seite 83: »Die Versicherer wissen zudem, wie sie ihre Gewinne optisch verringern können, um sie nicht ausschütten zu müssen. So täuschen sie beispielsweise durch überdimensionierte Rückversicherungsverträge hohe Kosten vor, verlagern in Wirklichkeit aber Gewinne auf eine andere Konzerngesellschaft. Solche ›Wege zu Gewinnverlagerungen‹ sind der Aufsichtsbehörde seit langem bekannt. Bisher sei es jedoch nicht gelungen, so Claus, ›hier geordnete Verhältnisse zu schaffen‹.«

Transatlantik, 2/84: »Den Abgrund von Zahlenschieberei erläuterte mir Karl Upphoff, der bei einer der großen Versicherungsgesellschaften als Mathematiker arbeitet. Upphoff: »Bei

Leben müssen ja mindestens 90 Prozent der Überschüsse ausgeschüttet werden. Aber da hat der liebe Gott noch ein paar Rechner davorgestellt, ehe das entschieden wird. Wir drehen und wenden das so lange, bis es dem Vorstand genehm ist. Wir nutzen die Spielräume. Die Schlüssel sind so angelegt, daß große Teile der Gewinne auf Sparten umgelenkt werden können, wo nicht ausgeschüttet werden muß. Da kann man auch die Kosten hauptsächlich da ansiedeln, wo's den Überschuß drückt. Letztes Jahr haben wir die Gewinn- und Verlustrechnung gemacht, kriegten wir 500 000 DM Überschuß raus. Hat der Finanzvorstand 'nen Tobsuchtsanfall gekriegt. Hätten 90 Prozent in die Beitragsrückerstattung gehen müssen. Haben wir also die Ochsentour noch mal gemacht. Und siehe da: mit denselben Schlüsseln sind wir auf 1,2 Millionen Verlust gekommen. Mathematisch war beides richtig, aber erwünscht war eben nur das eine Ergebnis.‹«

Regierungsdirektor Gottfried Claus in ›Veröffentlichungen des Bundesaufsichtsamtes für das Versicherungswesen‹, 1/80, Seite 25: »Nun ist es allgemein im Wirtschaftsleben so, daß eine mangelhafte Geschäftsführung sich zum Nachteil des Unternehmens auswirkt, indem dieses die entstehenden Verluste zu tragen hat. In der Lebensversicherung ist dem aber nicht so. Hier sind es zunächst einmal die Versicherten und meistens nur die Versicherten, die die Konsequenzen von unternehmerischen Fehlentscheidungen oder sogar von Mißmanagement zu tragen haben, indem Verluste einfach zu einer Verminderung der Beitragsrückerstattungen führen.«

Capital, 10/78: »Die Abrechnungen werden so gestaltet, daß viele gar nicht merken, wie die Versicherungen sich an ihrem Geld bereichern.« Nach der derzeitigen Praxis sollen Lebensversicherungen angeblich die Überschüsse und ›stillen Reserven‹ bis auf Null herunterwirtschaften, als Kosten verschwenden und sich als Gewinne einstecken können und brauchten danach den Versicherten nur ihre eingezahlten Prämien auszuzahlen. Eine Analyse des Jahresabschlusses 1982 der größten deutschen Lebensversicherungsgesellschaft zeigt, daß trotz unternehmerischer Verluste in Höhe von mehreren 100 Millionen DM ein Nettogewinn von etwa 50 Millionen DM verbucht wurde. Allein durch die Überschreitung des vom Aufsichtsamt vorgeschriebenen Abschlußkostensatzes um etwa 200 Millionen DM und den Ausgleich dieses Verlustes aus dem Geld der Versicherten ist diesen ein Hundert-Millionen-Verlust entstanden.

Ein neuer Trick der Lebensversicherungsunternehmen, Versichertengeld beiseitezuschaffen, ist die Konzerntrennung. Auch dabei geht es um die sogenannten ›stillen Reserven‹, die wie folgt entstehen und ›verschwinden‹:

Eine Gesellschaft ›Allotria‹ kauft sich mit Versichertengeld ein City-Grundstück für 10 Millionen DM und schreibt diese 10 Millionen über Jahre bis auf eine DM ›Buchwert‹ ab, was bilanztechnisch korrekt ist. Aber weil sich die Überschußbeteiligung der Versicherten nur auf den Bilanz-Überschuß bezieht, ist das Geld weg – bis auf die eine DM ›Rest-Buchwert‹. Dabei ist der Wert des Grundstücks inzwischen auf 30 Millionen DM gestiegen. Erst wenn die ›Allotria‹ das Grundstück verkauft, würden 30 Millionen DM als ›Veräußerungsgewinn‹ wieder in der Bilanz erscheinen. Und die Versicherten hätten ihr Geld mit einem entsprechenden Ertrag wieder.

Der Konzerntrennungs-Trick soll das verhindern und funktioniert so: Bevor die eine DM in 30 Millionen DM umgewandelt wird, werden die Versicherten auf eine neu gegründete Allotria-Lebensversicherungsgesellschaft übertragen. Die eine Mark verbleibt bei der alten Allotria, die in eine Dach- oder Holdingsgesellschaft umgewandelt wird. Sind die Lebensversicherten beseitigt, wird das Grundstück mit einer DM Buchwert zu 30 Millionen DM gemacht, und die alte Allotria steckt einen Veräußerungsgewinn von 29 999 99 DM ein, an dem die Lebensversicherten nicht mehr zu beteiligen sind.

Diesen Trick hat im Jahre 1988 die Deutsche Herold Lebensversicherungs AG versucht, wurde dabei aber vom Bund der

Versicherten durch einen Widerspruch beim Bundesaufsichtsamt für das Versicherungswesen gestoppt. Die Allianz hat vor Jahren mit einem ähnlichen Trick schätzungsweise zwei bis drei Milliarden DM Versichertengeld beiseitegeschafft. Auch dagegen läuft eine Klage des Bundes der Versicherten beim Bundesverwaltungsgericht in Berlin.

Fazit: Die Überschüsse aus Versichertengeld werden erheblich geschmälert. Die Versicherten werden außerdem an den aus ihrem Geld gebildeten stillen Reserven nicht beteiligt. Die Rendite von Kapital-Lebensversicherungen ist schlecht (derzeit etwa fünf bis sechs Prozent), könnte aber bei sieben bis acht Prozent liegen. Im Ergebnis verlieren die Versicherten viel Geld, das heißt: eine Auszahlung von 100 000 DM könnte um 30 000 DM höher liegen.

Die Frage, ob diese merkwürdigen Vorgänge in einem Rechtsstaat mit einer Eigentumsgarantie rechtens sind, hatte außer dem Bund der Versicherten noch niemand gestellt und untersucht. Die Antwort von Professor Krycha (siehe oben): »Verfügt der Versicherungs-Dienstleistungsbetrieb, wie in der Vergangenheit oft geschehen, anderweitig über die Versichertengelder, so liegt der objektive Tatbestand der Veruntreuung gemäß § 266 StGB vor.«

Nun sind bereits mehrfach Strafanzeigen gegen Versicherungsvorstände erstattet worden wegen Untreue (Veruntreuung). Und diese haben eine Schizophrenie zutage treten lassen, die durch das gesamte Versicherungswesen geht – von der Regierung über das Aufsichtsamt durch die Versicherungswissenschaft bis hin zu den Unternehmensvorständen und Verbänden. So steht in einem Schreiben der Hauptverwaltung der Allianz Lebensversicherungs AG vom 12. 5. 1975 an das Bundesaufsichtsamt: »Als Treuhänder des Vermögens der Versichertengemeinschaft dürfen wir lediglich Ansprüche anerkennen, die rechtlich begründet sind.« Ganz anders dagegen das Schreiben der Hauptverwaltung der Allianz Lebensversicherungs AG vom 3. 11. 1980 an das Bundesaufsichtsamt nach einer Strafanzeige: »Ein Treuhandverhältnis bezüglich der Prämiengelder liegt nicht vor.«

Interessenten erhielten bei der Volksfürsorge Leben noch im Jahre 1983 den oben erwähnten Prospekt ›Ihre Zukunft in sicherer Hand‹ mit dem Hinweis auf die ›treuhänderische Verwaltung‹ der Versichertengelder. Nachdem der Bund der Versicherten wegen des oben geschilderten Vorganges (Verlustausgleich bei einem Konzernunternehmen mit Versichertengeld) Strafanzeige gegen den Vorstand dieser Gesellschaft erstattet hatte, schreibt dieser am 22. 9. 1982 an die Staatsanwaltschaft: »Der Lebensversicherungsvertrag begründet kein Treuhandverhältnis. Der Versicherer ist nicht Treuhänder. Der Vorstand sowie die gesamte Versicherungswirtschaft haben die Rechtslage noch nie anders gesehen.«

Bei diesen widersprüchlichen Erklärungen sehen die Staatsanwaltschaften seit nunmehr fünf Jahren den subjektiven Tatbestand der Untreue als nicht erweislich an. Das heißt, sie meinen: Selbst wenn objektiv eine Veruntreuung vorläge, wären die Verantwortlichen nicht zu bestrafen, weil ihnen das Unrechtsbewußtsein und damit der Vorsatz nicht nachzuweisen ist (›... denn sie wissen nicht, was sie tun‹). Zu der entscheidenden Frage, ob die Gesellschaften nun Treuhänder sind, meinte im Jahre 1980 der Generalstaatsanwalt in München und meinen seither alle seine Kollegen: »Es kann dahinstehen, welchen versicherungsrechtlichen Theorien letztlich der Vorrang gegeben werden muß.« – Eine Anzeige wegen irreführender Werbung wurde von denselben Staatsanwälten zurückgewiesen mit der Begründung, die Werbung mit der ›Treuhänderschaft‹ sei richtig und nicht irreführend. Inzwischen wurde diese angeblich wahre Werbung mit der Treuhänderschaft wieder gestrichen. Bei dieser Konfusion und den dauernden Kehrtwendungen hat es wohl kaum Sinn, die Staatsanwälte noch einmal zu bemühen. Und einträchtig schweigen Aufsicht und Versicherungswissenschaft mit den Gesellschaften. Wie lange noch?

Kein Anspruch der Versicherten auf Überschußbeteiligung

Der Bundesgerichtshof hat fünf Tage nach dem Hamburger Urteil über den ›legalen Betrug‹ am 8. Juni 1983 eine aufsehenerregende Entscheidung über die Rechte eines Lebensversicherten gefällt (NJW 84, 55).

Die Urteilsbegründung bestätigt, daß der Vertrag über eine Kapital-Lebensversicherung so gestaltet ist, daß der Versicherungsnehmer bei Vertragsablauf im ungünstigsten Fall nur die fest vereinbarte Versicherungssumme – also in etwa seine eingezahlten Beiträge – zurückerhält, aber keine Überschußbeteiligung.

Was mit den Zinsen aus der Anlage des Versichertengeldes und den Beitragsüberschüssen geschehe, ob diese für Kosten verbraucht, als Unternehmensgewinne vereinnahmt, den Aktionären als Dividende ausgezahlt oder aber den Versicherten als Überschußbeteiligung gutgebracht würden, sei weitgehend eine ›unternehmerische Entscheidung‹ des Unternehmensvorstandes. (Ein empörter Bürger aus Köln zu diesem Urteil: »Da ich selbst drei Lebensversicherungen 1982 abgeschlossen habe und auf den genannten ›ungünstigsten Fall‹ nicht hingewiesen wurde, halte ich die Verträge für rechtswidrig und anfechtbar wegen arglistiger Täuschung. Es kann doch wohl nicht sein, daß der Bundesgerichtshof hier einen Betrug legalisiert.«)

Wer dieses weiß und sich diese Vertragsgestaltung genau vorstellt, hat selbst schuld, wenn er dann noch eine Kapital-Lebensversicherung abschließt.

Mit einer ähnlichen Begründung hat das Landgericht Hamburg (13 O 475/87) die Klage eines Lebensversicherten abgewiesen, der von seiner Versicherungsgesellschaft kaum mehr Geld zurückerhielt, als er eingezahlt hatte: »Der Kläger hat schließlich den Vertrag freiwillig und ohne Zwang abgeschlossen.«

Kostenverschwendungen: Überschüsse werden beliebig dezimiert

›*Der Spiegel*‹ schrieb in Heft 35/85: »Spätestens seit dem Urteil des Bundesgerichtshofes ist klar, wo das deutsche Versicherungswesen schiefliegt. Die Versicherungsunternehmen dürfen doppelt und dreifach überkalkulierte Prämien kassieren, doch die Frage, was mit den zwangsläufig entstehenden Überschüssen und den Spargeldern der Kunden geschehen soll, ist nicht eindeutig geregelt.«

Man muß sich nach allem fragen, wie die Gesellschaften unter diesen Umständen noch mit einer durchschnittlichen Beteiligung der Versicherten in Höhe von 97 Prozent an den erwirtschafteten Überschüssen werben können. Überschüsse entstehen – wie oben dargestellt – durch die Überkalkulation der Risikobeiträge (Risikoüberschüsse) und durch die höheren Erträge als die eingerechneten drei Prozent Zinsen (Zinsgewinne). Hierzu erklärte der parlamentarische Staatssekretär beim Bundesministerium der Finanzen, Dr. Böhme, im Bundestag (Sitzungsprotokolle, 8. Wahlperiode, Seite 17409):

»Es ist richtig, daß Risikoüberschüsse und Zinsgewinne der Lebensversicherungen keine Unternehmensgewinne im üblichen Sinne sind, soweit sie auf den von der Aufsichtsbehörde vorgeschriebenen vorsichtigen Rechnungsgrundlagen beruhen.« Und auch der leitende Regierungsdirektor Claus vom Bundesaufsichtsamt gab als persönliche Meinung kund (Veröffentlichungen des Bundesaufsichtsamtes, 1/80), daß die Risikoüberschüsse und Zinsgewinne eigentlich ungeschmälert den Versicherten zugute kommen müßten. Wie man diese feststellen kann, sagt keiner.

Dennoch sehen die Gesellschaften alle Überschüsse als ihr Geld an und verwenden es zunächst einmal zum Ausgleich unternehmerischer Verluste und – trotz solcher Verluste – zur Finanzierung von Gewinnen und des, wie sie es nennen, Eigenkapitals. In der Bundestags-Drucksache 9/1493 vom

24. 3. 1982 wird auf Seite 27 festgestellt: »Auch wenn Lebensversicherungsunternehmen zur Zeit rund 98 v. H. der Gesamtüberschüsse der Rückstellung für Beitragsrückerstattung zuweisen, können sie jedoch vorher Verluste aus anderen Bereichen, insbesondere aus dem Abschluß- und Verwaltungskostenbereich, mit den Überschüssen aus dem Sterblichkeitsverlauf und den Kapitalanlagen zu Lasten der Versicherten voll saldieren.«

Arno Surminski in der *Zeitschrift für Versicherungswesen*, 11/81, Seite 280: »Jahrelang hat die Lebensversicherung damit geworben, sie schütte 97 bis 98 Prozent der erzielten Überschüsse als Gewinnbeteiligung an die Versicherten aus. Eine korrekte Aussage und doch etwas irreführend. Die Presse hat die Formel weitestgehend nachgebetet. Ich persönlich nehme mich von dieser naiven 98-Prozent-Gläubigkeit nicht aus. Es hat lange gedauert, bis ich mir die Frage stellte: 98 Prozent von was?«

In einer ›plus-minus‹-Sendung des Bayerischen Fernsehens stellte der Moderator die gleiche Frage: »Was sagt die Angabe, 90 Prozent oder sogar 98 Prozent des Überschusses würden den Versicherten gutgeschrieben, im Grunde genommen aus?«

Antwort Rudolf Gerlachs vom Bundesaufsichtsamt für das Versicherungswesen: »Es handelt sich hier nicht um die tatsächlichen Zins- und Sterblichkeitsüberschüsse, sondern um die Differenz zwischen den Aufwendungen und den Erträgen des Versicherers. Hat ein Lebensversicherer zum Beispiel überdurchschnittliche Verwaltungskosten, so mindert dies den Überschuß und damit die Bezugsgröße für die 90 oder 98 Prozent, die den Versicherten zugute kommen sollen. Beträgt der Überschuß zum Beispiel nur eine Mark, so werden auch nur 98 Prozent den Versicherten gutgebracht, aber eben nur 98 Pfennig.« Das heißt: Sie könnten nach dem derzeitigen Versicherungssystem bei Ablauf Ihrer Kapital-Lebensversicherung theoretisch die vereinbarte Versicherungssumme – zum Beispiel 100 000 DM – plus 98 Pfennige Gewinnbeteiligung ausgezahlt bekommen, also 100 000,98 DM!

Die Rechnung sieht auf der Gegenseite – bei den Gesellschaften – natürlich besser aus. Neben Dividenden an der ›politischen Schallmauer‹ von zwanzig Prozent und neben Bezugsrechten für neue Aktien im Werte von mehreren hundert DM hat sich der Kurswert der Allianz-Leben-Aktie vom Tiefststand 728 im Jahre 1980 auf einen Höchststand von über 3700 im März 1984 entwickelt. Das entspricht – einschließlich Dividenden und Bezugsrechtswerten – einem ›Gewinn‹ von 500 Prozent in vier Jahren. Dazu *Manager Magazin*, 3/84: »Die gute Bedienung der Aktionäre hat Tradition und Raffinesse gleichermaßen: Von vier Kapitalerhöhungen in den vergangenen Jahren waren zwei gratis und zwei fast geschenkt. Eine neue Aktienausgabe, die jetzt ansteht, ist für die Begünstigten ebenfalls hochrentabel: Die Aktie, die an der Börse 3599 DM kostet, wird den Aktionären für 75 DM zugeschoben. Über die Jahre errechnet sich für die Allianz-Aktien eine durchschnittliche Rendite von über 40 Prozent.« Es heißt wirklich 40 Prozent und nicht 4 Prozent. Demgegenüber klingt die Aussage des Generaldirektors dieser Gesellschaft, Dr. h. c. Bäumer, in der *Zeit* vom 18. 2. 1983 wie ein Hohn: »Wir haben sehr viele kleine Sparer und sind verpflichtet, sie anständig zu bedienen.« – Oder eine Werbung der Allianz-Leben: »Sie brauchen sich um die Sicherheit Ihres Geldes keine Sorgen zu machen.« (Man beachte: ›Ihres‹ ist großgeschrieben!)

Gesellschaften und Vertreter verschweigen die Inflation!

Beim Abschluß der durchschnittlich dreißig Jahre laufenden Kapital-Lebensversicherung wird dem Verbraucher verschwiegen, daß er eigentlich zu neunzig Prozent einen langfristigen Sparvertrag eingeht und daß dieser Sparvorgang ganz entscheidend der *Inflation* unterliegt.

Der Bund der Versicherten veröffentlichte in seinem Mitteilungsblatt 3/86 einen Artikel ›Inflation frißt Rendite‹, in dem die Entwicklung einer Kapital-Lebensversicherung über dreißig Jahre Laufzeit unter Berücksichtigung der Inflationsraten von 1955 bis 1985 durchgerechnet wurde (bei einer jährlichen Einzahlung von 1000 DM):

Gesellschaft	Rendite	Auszahlung	›Kaufkraft‹	Effektiv-Rendite
beste	5,94	ca. 82 000	ca. 39 600	1,5–2%
Durchschnitt	4,90	ca. 68 500	ca. 33 600	0,5–1%
schlechteste	4,07	ca. 59 500	ca. 29 600	negativ!

Die Werbung versprach, daß die Lebensversicherung durch die Gewinnbeteiligung von Jahr zu Jahr wachsen soll. Dadurch hätten die Versicherten ›im Alter mehr auf der Hand‹. Berücksichtigt man die Inflation – und dies darf bei einer Werbung für derart langfristige Anlagen von sehr viel Geld nicht verschwiegen werden –, dann hat der Versicherte ›im Alter weniger auf der Hand‹.

Lassen Sie sich nicht täuschen durch Hinweise der Vertreter, daß die Gewinnbeteiligung die Kaufkraft der Versicherungssumme erhalte. Das ist nämlich nicht wahr. Erstens ist die Gewinnbeteiligung nicht garantiert. Zum anderen hat sich in der Vergangenheit gezeigt, daß die Gewinnbeteiligung der Lebensversicherung trotz einer Verdoppelung der Versicherungssumme nur ausgereicht hat, um die fallende Kaufkraft der über dreißig Jahre eingezahlten Beiträge auszugleichen. Erst durch eine entsprechende Dynamisierung der Beiträge und durch die Gewinnbeteiligung, die beide zusammen zu einer Verdreifachung der Versicherungssumme in fünfundzwanzig bis dreißig Jahre führen können, wird vielleicht die Kaufkraft der ursprünglich vereinbarten Versicherungssumme etwa erhalten. Das bedeutet: Nur wer Jahr für Jahr steigende

Beiträge zahlt, kann sich – einschließlich der Gewinnbeteiligung – nach dreißig Jahren etwa das kaufen, was er sich heute für die vereinbarte Versicherungssumme hätte kaufen können. Mehr nicht!

Dagegen erbringt die Anlage von Geld in vermieteten Grundbesitz bei einerseits gleichbleibenden (nach der Kaufkraft sogar fallenden) Zahlungen für den Schuldendienst und bei andererseits steigenden Mieten und steuerfreien Wertsteigerungen eine beachtliche Real-Rendite, selbst wenn man Beiträge für eine Risiko-Lebensversicherung mit einem vergleichbaren Versicherungsschutz der Kapital-Lebensversicherung einrechnet, der – entsprechend der Kapitalbildung – von Jahr zu Jahr fällt. Ein wesentlicher Fehler aller Renditevergleiche liegt darin, daß die Lobby die Rendite der Kapital-Lebensversicherung mit denen von Sparkonten vergleicht, kein Mensch aber so dumm ist, Zehntausende oder Hunderttausende von DM dreißig Jahre lang oder länger auf einem Sparbuch anzusparen. Er würde sich – wenn er ein paar Tausender zusammenhat – sicher überlegen, wie er sein Geld besser und gewinnbringender anlegen kann, und sich vielleicht eine ›gebrauchte‹ Eigentumswohnung im sogenannten Erwerbermodell kaufen.

So hat zum Beispiel eine Eigentumswohnung, die in einer Mittelstadt vor dreizehn Jahren mit 10 000 DM Eigenkapital erworben wurde, bis heute eine steuerfreie Wertsteigerung von 60 000 DM erbracht, wobei schon binnen kurzer Zeit die Mieteinnahmen die Belastungen für die Fremdfinanzierung ausgeglichen und dann sogar überschritten haben, also jetzt neben den steuerfreien Wertsteigerungen noch einen Ertrag bringen, der – soweit er die Abschreibungen nicht übersteigt – ebenfalls ›steuerfrei‹ ist. Derartige Realrenditen sind mit einer Kapital-Lebensversicherung nicht einmal annähernd zu erreichen, schon gar nicht über fünfundzwanzig oder dreißig Jahre, weil sich während dieser Zeit die Inflation besonders negativ auswirkt.

Wie haben sich
(1) Durchschnitts-Jahresarbeitsentgelt der Sozialversicherten
(2) Lebenshaltungskostenindex
(3) Baukostenindex für Wohngebäude
in den letzten 30 Jahren entwickelt?

	(1)	(2)	(3)
1953	4 000 DM	70	43
1963	7 800 DM	85	70
1973	18 300 DM	120	125
1983	33 000 DM	186	210

Das Argument der Gesellschaften und Vertreter, für denjenigen, der monatlich nur 100 DM in eine Kapital-Lebensversicherung einzahlen könne, käme der Kauf einer Eigentumswohnung nicht in Betracht, ist wenig überzeugend, wenn man weiß, daß das Lebensversicherungssparen nur ein Viertel aller Sparanlagen ausmacht. Es ist aber oft dieses gebundene Sparen in einer Lebensversicherung, das es jungen Leuten unmöglich macht, zu gegebener Zeit – im Alter von 30 oder 35 Jahren – das nötige Eigenkapital für den Kauf einer kleinen, gut vermietbaren Eigentumswohnung aufzubringen, die man im Alter selbst bewohnen könnte.

Große Verluste bei vorzeitiger Aufhebung einer Kapital-Lebensversicherung

Nach Meinung des Berliner Versicherungsprofessors Rudolf Gärtner wird jede zweite Lebensversicherung nicht bis zum Ende durchgehalten (1982 waren es fast zwei Millionen Verträge). Die Rendite ist dann – so Finsinger – »weit unter Null« (siehe Seite 91) Die Ursache liegt in dem derzeitigen Provisionssystem. Vertreter erhalten für den Abschluß der kapitallosen Risiko-Lebensversicherung kaum Provisionen, für den Abschluß von Kapital-Lebensversicherungen dagegen sehr hohe (etwa einen Jahresbeitrag). So wurden 50 Millionen falsche Kapital-Lebensversicherungen abgeschlossen, die von den Versicherten jetzt nach dem Erkennen ihres Fehlers oder unter dem Zwang veränderter Verhältnisse wieder gekündigt werden. Man stelle sich vor: Die Lobby behauptet, im Jahr 1983 mehr als fünf Millionen neue Lebensversicherungen abgeschlossen zu haben. Die Bestandszahl aller Kapital-Lebensversicherungen hatte sich aber nach den Veröffentlichungen des Bundesaufsichtsamtes bis Ende September 1983 verringert. *Capital,* 10/79: »Mißlich ist in der Branche auch das Provisionssystem. Wie miserabel der Außendienst mancher Versicherungen in der Tat arbeitet, belegt Capital mit Berechnungen zu den Stornoquoten.«

Die hohen Verluste bei vorzeitiger Aufhebung einer Kapital-Lebensversicherung beruhen auf der Tatsache, daß die meisten Lebensversicherungsgesellschaften die ersten drei Jahresprämien als Vertreterprovision und Abschlußkosten vereinnahmen, also erst im vierten Jahr überhaupt mit dem Aufbau eines Spar- oder Deckungskapitals beginnen. Auch über diese Knebelung an die langfristigen Versicherungen und die ›Strafe bei Ausbruchversuchen‹ schweigen die Vertreter, und so machen viele Verbraucher diese schmerzlichen Erfahrungen meistens erst in Notlagen, wo sie sich besonders hart auswirken. Für Neuverträge ergeben sich ab 1987 Verbesserungen.

Dem Bund der Versicherten sind viele Fälle bekannt, in denen Versicherte bei der Korrektur eines als falsch erkannten Vertragsabschlusses Tausende von DM verloren haben. Das Magazin *stern* berichtete über den Fall des Dieter Zühlsdorff, der nach einer ersten Berufstätigkeit noch studieren wollte, 25 000 DM in eine Lebensversicherung bei der Allianz eingezahlt hatte und nur 8200 DM zurückbekam, also 17 200 DM verloren hat (weitere Fälle siehe Seite 51). Eine Ausnahme bildet hier insbesondere die Hannoversche Leben, die in diesen Fällen fast alle oder sogar mehr als die eingezahlten Beiträge erstattet hätte (siehe Grafik auf Seite 116).

Wichtig bei der Auswahl eines Lebensversicherungsunternehmens:

Vergleich der Rückkaufswerte
Vergleich der Gewinnbeteiligung

Jahresbeitrag 2.400,– DM

1. Rückkaufswert nach 12 Jahren:
(gezahlte Beiträge: 28.800 DM)

Hannoversche Leben	DM 40.000,–
Durchschnittsgesellschaft	DM 28.000,–
Differenz	DM 12.000,–

2. Rückkaufswert nach 5 Jahren:
(gezahlte Beiträge: 12.000 DM)

Hannoversche Leben	DM 13.000,–
Durchschnittsgesellschaft	DM 4.000,–
Differenz	DM 9.000,–

(Verlust 8.000,– DM Beitrag bei Durchschnittsgesellschaft)

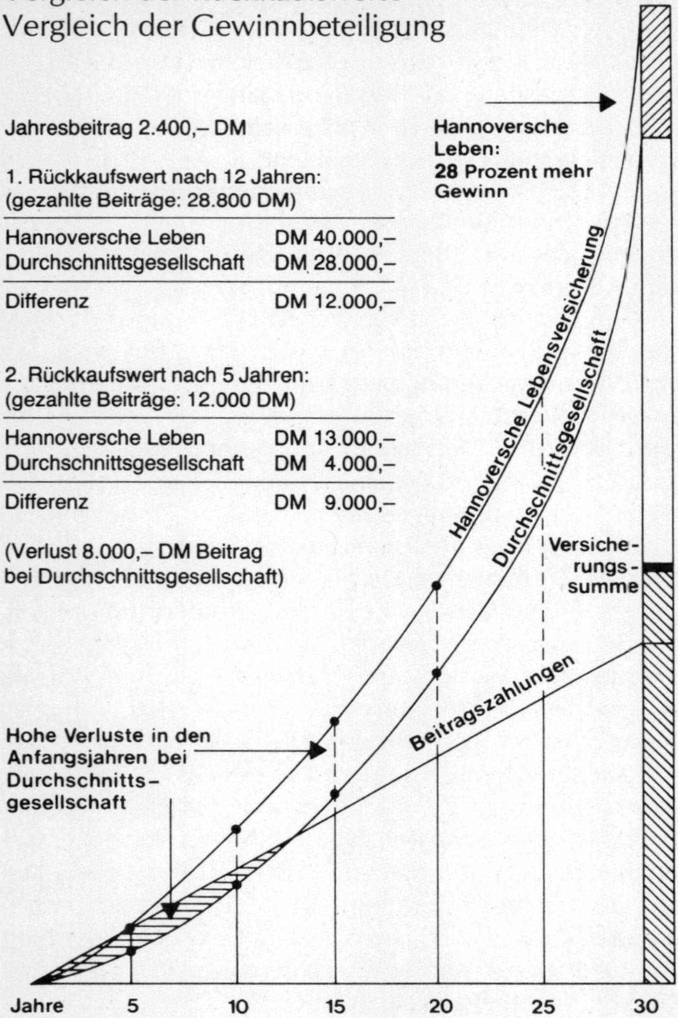

Kapital-Lebensversicherung: nur auf 12 Jahre zum Steuernsparen

Nun wird sich jeder fragen, wo denn überhaupt noch der Vorteil einer Kapital-Lebensversicherung liegt, wenn die Rendite bei Berücksichtigung der Inflation vielleicht ein Prozent beträgt. Bei der versprochenen Steuerersparnis? Natürlich muß der Versicherte in seine Renditeberechnung Steuervorteile einbeziehen, wobei Gesellschaften und Vertreter dieses für die Kapital-Lebensversicherung eigentlich nicht tun dürfen, da Steuervorteile nicht ihre Leistungserfolge sind und nicht darüber hinwegtäuschen dürfen, daß die Unternehmen aus den Spargeldern der Versicherten, ihren Erträgen und Wertsteigerungen Renditen von 8 bis 10 Prozent erzielt haben, an die Versicherten selbst aber nur 6 Prozent weitergeben.

Steuervorteile werden von der Werbung und den Vertretern immer sehr pauschal versprochen. Da die Steuervorteile in dem versprochenen Umfang kaum zum Tragen kommen, hat der Präsident des Verbandes der Lebensversicherungsunternehmen im Mai 1983 schon selbst Bedenken über diese Werbung geäußert: »Bereits heute sehen wir uns kaum noch in der Lage, mit der Steuerbegünstigung von Lebensversicherungsbeiträgen zu werben, weil wir es erlebt haben und weiter gewärtig sein müssen, daß uns eine solche Werbung von Verbraucherschützern als Irreführung der Versicherungsinteressenten ausgelegt wird.«

Weil der Staat für Lebensversicherungen Steuervorteile und Sparzulagen (im Rahmen des 624-DM-Gesetzes) gewährt, kann der Abschluß einer Kapital-Lebensversicherung mit dem damit verbundenen Sparvorgang im Einzelfall doch sinnvoll sein. Nur unter Ausnutzung dieser Vorteile sollten Sie eine Kapital-Lebensversicherung mit der Mindestlaufzeit von zwölf Jahren abschließen. Zuerst aber sollte die Familienversorgung durch eine Risiko-Lebensversicherung abgesichert sein und eine Vorsorge für den Invaliditätsfall durch eine Berufsunfähigkeitsversicherung bestehen. Der Staat begünstigt die Kapital-Lebensversicherung durch Steuervorteile beim Sonderausgabenabzug der Beiträge (wie auch die Risikolebens- und Berufsunfähigkeitsversicherung), ferner durch die noch gegebene Steuerfreiheit der Überschußbeteiligung und außerdem im Rahmen der betrieblichen Altersversorgung (Direktversicherung, siehe Seite 135).

Steuervorteile der Lebensversicherung

Was die Vertreter Ihnen auch immer erzählen – nur einen Steuervorteil hat jede Lebensversicherung ganz bestimmt: Die Gewinnanteile werden steuerfrei ausgezahlt, wenn der Vertrag mindestens zwölf Jahre bestanden hat. Dagegen müssen beim Sparen auf dem Sparbuch oder beim Kauf festverzinslicher Wertpapiere die jährlichen Zinsen bis zur Freigrenze von 400 DM für Alleinstehende und 800 DM für Ehepaare versteuert werden. Es gibt aber auch andere steuersparende Geldanlagen. So bringt der Kauf einer Eigentumswohnung Steuervorteile – durch Abschreibungen und steuerfreie Wertsteigerungen (bei Vermietung auch durch den Abzug von Schuldzinsen). Auch die Erträge aus Geldanlagen in Aktien oder Investmentfonds sind weitgehend steuerfrei, weil sie überwiegend aus Wertsteigerungen bestehen, die nicht zu versteuern sind. Wenn also jemand nur eine Risiko-Lebensversicherung abschließt, die gegenüber der Kapital-Lebensversicherung eingesparten Beiträge anspart und später sein Geld sinnvoll anlegt, so kann er eine höhere Rendite und dazu viele Steuervorteile erreichen. Das geht auch schon mit kleineren Beträgen durch eine Beteiligung an Immobilien- oder Investmentfonds.

Das oben zitierte Regierungsgutachten sagt hierzu: »Selbst unter Berücksichtigung der Steuerfreiheit der Überschußbeteiligung dürfte für eine große Zahl von Interessenten eine Lebensversicherung nicht die beste Kapitalanlage darstellen.« *Wirtschaftswoche,* 7/84: »Es gibt durchaus attraktivere Anlagemöglichkeiten als die Kapital-Lebensversicherung. Dazu gehören regelmäßig Käufe von Bundesobligationen oder Pfandbriefen, ausgewählten Investmentfonds und Aktien, abgesichert mit einer preiswerten Risiko-Lebensversicherung. Mit den Renditen ausgewählter Börsenpapiere kann die Lebensversicherung nicht konkurrieren.« In einem Interview der *Quick* sagte Anfang 1984 ein Versicherungsmanager freimütig: »Wer es auf die größtmögliche Rendite abgesehen hat, geht zur Bank.« – Und der am Gespräch beteiligte Bankmanager bekannte freimütig, daß er keine Lebensversicherung habe.

Für Aufregung sorgte im Jahre 1989 die Einführung und Wiederaufhebung einer zehnprozentigen Quellensteuer auf Lebensversicherungsüberschüsse. Danach droht aber immer noch die Wiedereinführung dieser Steuer über die Europäische Gemeinschaft. Und dabei ist ein Steuersatz von 15 Prozent im Gespräch.

Lohnend beim Abschluß einer ›unrentablen‹ Kapital-Lebensversicherung ist allein die Abzugsfähigkeit der Lebensversicherungsbeiträge von der Steuer im Rahmen der Sonderausgaben. Doch diesen Steuervorteil – von vielen Vertretern oft auf blauen Dunst versprochen – können nur noch wenige Bundesbürger nutzen; denn die Höhe der abzugsfähigen Sonderausgaben ist begrenzt und von vielen Steuerzahlern bereits ausgeschöpft (bei Arbeitnehmern durch die Sozialversicherungsbeiträge). Im übrigen sind auch Beiträge zur Risikolebens- und Berufsunfähigkeitsversicherung als Sonderausgaben steuerbegünstigt.

Sonderausgaben sind Beiträge zu Sozial-, Kranken-, Haftpflicht-, Unfall- und Lebensversicherungen sowie Einzahlungen auf Bausparverträge, die Sie insgesamt im Rahmen bestimmter Höchstbeträge von Ihrem zu versteuernden Jahreseinkommen abziehen können. Dadurch sparen Sie Steuern. Nur durch solche Steuereinsparungen kann eine Kapital-Lebensversicherung zu einer rentablen Geldanlage werden (was nicht darüber hinwegtäuschen soll, daß die Lebensversicherung selbst eine schlechte Rendite hat). Lebensversicherungsbeiträge, die heute noch in den Rahmen Ihrer Sonderausgaben passen, können im nächsten Jahr schon diesen Rahmen überschreiten. Denn Ihre Sonderausgaben verändern sich laufend, sind aber auf Höchstbeträge begrenzt (siehe Seite 123).

Achtung: Fallen Sie nicht auf Berechnungen von Versicherungsvertretern herein, die nur auf Ihre augenblicklichen Sonderausgaben bezogen sind! Und vergessen Sie nie: Es genügt nicht, Beiträge in ein Steuerformular einzutragen. Sie müssen sicher sein, daß diese auch in den Rahmen der Sonderausgaben passen und als solche Steuervorteile bringen.

Eine Kapitalversicherung muß mindestens zwölf Jahre laufen, damit die Beiträge als Sonderausgaben abgezogen werden können. Die gleiche Mindestlaufzeit gilt für die Sparzulage bei der Vermögensbildenden Lebensversicherung. Zwölf Jahre sollte aber auch die Höchstlaufzeit dieser Versicherungen sein; denn die gute Rendite, die Sie hier durch Steuervorteile oder Sparzulage erzielen, wird bei längeren Laufzeiten durch die schlechte Rendite der Kapital-Lebensversicherung und die Inflation verdorben.

Was kann die steuerliche Abzugsfähigkeit von Lebensversicherungsbeiträgen in der Zukunft verhindern?

1. Sie verdienen mehr. Dadurch steigen Ihre Beiträge zur Sozialversicherung. Wegen der Höchstgrenze können Sie die Beiträge zu einer Kapital-Lebensversicherung im Rahmen der Sonderausgaben nicht mehr voll oder überhaupt nicht mehr abziehen.
2. Ihr Ehegatte nimmt eine berufliche Tätigkeit als Arbeitnehmer auf. Die Sozialversicherungsbeiträge von zwei arbeitenden Ehegatten lassen keinen Raum mehr für Lebensversicherungsbeiträge im Rahmen der Sonderausgaben.

3. Eine Ehescheidung oder der Tod des Ehegatten halbiert in etwa den Höchstbetrag für Sonderausgaben. Die Beiträge zu einer Kapital-Lebensversicherung passen nicht mehr in den Rahmen der Sonderausgaben.
4. Arbeitslosigkeit oder Berufsunfähigkeit verändern die Situation ebenfalls drastisch. Wo kein Einkommen ist, kann nichts abgezogen werden.
5. Sie müssen noch Unfall-, Berufsunfähigkeits- und Risiko-Lebensversicherung abschließen, die wichtiger sind als eine Kapital-Lebensversicherung, aber auch den Rahmen der Sonderausgaben einengen.
6. Durch regelmäßige Beitragserhöhungen der Haftpflicht- und Krankenversicherungen werden die Beiträge zu einer Kapital-Lebensversicherung aus dem Rahmen der Sonderausgaben herausgedrängt.
7. Die ständig steigenden Beiträge für eine ›dynamische‹ Lebensversicherung können den Rahmen der Sonderausgaben übersteigen.
8. Die Sonderausgaben-Höchstbeträge können herabgesetzt werden – wie zum Januar 1986 geschehen durch Streichung der Sonderausgabenbeträge für Kinder.
9. Die Steuerbegünstigung der Lebensversicherung kann unter Umständen vom Gesetzgeber gestrichen oder über die EG eine neue Quellensteuer eingeführt werden.
10. Bei einer – nur für Betriebe oder vermieteten Grundbesitz – steuergünstigen Kombination von Darlehen und Kapital-Lebensversicherung fällt der Steuervorteil des Schuldzinsenabzugs durch den Verkauf des finanzierten Objektes weg.

Das unter 1 bis 8 Gesagte kann auch bewirken, daß aus voll abzugsfähigen Lebensversicherungsbeiträgen nur noch zur Hälfte abzugsfähige Sonderausgaben werden. Wenn Lebensversicherungsbeiträge aber auf Dauer – das heißt: während der ganzen Laufzeit des Vertrages – nicht vom Einkommen und von der Steuer abgesetzt werden können, sind die Kapital-Lebensversicherung und der damit verbundene Sparvorgang in der Regel eine schlechte langfristige Geldanlage!

Daraus muß folgende Lehre gezogen werden: Weil die Abzugsfähigkeit von Lebensversicherungsbeiträgen sich bis ins Rentenalter nicht voraussagen läßt, sollten Kapital-Lebensversicherungen zum Steuernsparen nur mit der kürzestmöglichen Laufzeit von zwölf Jahren abgeschlossen werden. Dies ist die gesetzlich vorgeschriebene Mindestlaufzeit für eine steuerliche Anerkennung von Lebensversicherungsbeiträgen als

Also ist die Grundregel für richtiges ›Lebensversichern‹:

1. Zur Absicherung Ihres Einkommens schließen Sie eine Berufsunfähigkeits-, Unfall- und – wenn Sie selbständig sind – eine Kranken-Tagegeldversicherung ab (zur Unfall- und Krankenversicherung siehe Heyne Taschenbuch 08/9284, *Ratgeber Versicherung*).
2. Zur Versorgung Ihrer Familie schließen Sie eine Risiko-Lebensversicherung ab.
3. Für Ihre Altersversorgung sollten Sie an die Schaffung von inflationssicheren Werten denken und eventuell einen Bausparvertrag abschließen.
4. Erst wenn diese Punkte erledigt sind, prüfen Sie, ob dann in Ihren Sonderausgaben für die nächsten zwölf Jahre noch Raum für Beiträge zu einer Kapitalversicherung ist. – Wenn ja: Schließen Sie – aber nur für zwölf Jahre! – eine Kapital-Lebensversicherung zum Steuernsparen ab. Ganz entscheidend kommt es dabei auf die Auswahl der Gesellschaft an. Zwar unterscheiden sich die Beiträge kaum (man zahlt überall mit den zwölf Jahresbeiträgen in etwa die Versicherungssumme ein). Aber es gibt erhebliche Unterschiede in der Überschußbeteiligung (siehe Seite 132).

Sonderausgaben. Nach zwölf Jahren kann man weitersehen und eine neue Lebensversicherung, eventuell sogar als Rentenversicherung abschließen (siehe Kapitel ›Rentenversicherung‹, Seite 138).

Die Rentenversicherung ist im Grunde ein steuerbegünstigter Sparvertrag, bei dem keine Beiträge für einen Versicherungsschutz für den Fall des vorzeitigen Todes gezahlt werden. Dadurch ist die Rendite einer Rentenversicherung bei höherem Eintrittsalter meist günstiger als die Rendite einer Kapital-Lebensversicherung. Bei einer Rentenversicherung werden bei vorzeitigem Tod nur die eingezahlten Beiträge plus Gewinn an die Erben gezahlt. Rentenversicherungen können deshalb auch noch Kranke abschließen.

Sonderausgaben

Früher hing dies von Familienstand und Kinderzahl ab. Seit ab Januar 1986 die Kinderfreibeträge erhöht und dafür die erhöhten Sonderausgaben für Kinder gestrichen worden sind, hängt der Höchstbetrag der insgesamt abzugsfähigen Sonderausgaben allein noch vom Familienstand ab:

	(1)	(2)	(3)
	Vorweg-abzug	voll absetzbar	zur Hälfte absetzbar
alleinstehend	3000 DM	2340 DM	2340 DM
verheiratet	6000 DM	4680 DM	4680 DM

Sind Sie Arbeitnehmer, müssen Sie den Vorwegabzug (1) um die Beitragsanteile kürzen, die Ihr Arbeitgeber für Sie zur Rentenversicherung zahlt. Das bedeutet, daß Sie unter Umständen Ihre vollen Sozialversicherungsbeiträge (Ihren Anteil und den Anteil des Arbeitgebers) als Vorsorgeaufwendungen in Ihre Rechnung einbeziehen müssen. Das können bei einem alleinverdienenden Ehegatten bis über 10 000 DM sein, so daß nur noch bei mehreren Kindern ein kleiner Betrag für weitere voll abzugsfähige Sonderausgaben geltend gemacht werden kann.

Bei Beamten gilt eine Vorsorgepauschale, die vom Einkommen abgezogen wird, ohne daß dafür Beitragszahlungen nachgewiesen werden müssen. Diese Pauschale wurde ab 1. 1. 1983 gekürzt. Sie errechnet sich künftig wie folgt: 18 Prozent der Besoldungsbezüge, jedoch nicht mehr als 2000 DM für Ledige oder 4000 DM für Verheiratete zuzüglich 900 DM je Kind. Will ein Beamter weitergehende Sonderausgaben geltend machen, muß er entsprechende, die Pauschale überschreitende Beitragszahlungen aufbringen.

Sie müssen Ihre Sonderausgaben wie folgt berechnen:

1. Als Arbeitnehmer: Den Vorwegabzug (1) um die Arbeitgeberanteile zur Rentenversicherung kürzen. Ein eventuell verbleibender Betrag erweitert den Rahmen für Ihre sonstigen Vorsorgeaufwendungen. (Als Selbständiger können Sie also den Vorwegabzug voll für Ihre Vorsorgeaufwendungen nutzen.)
2. Ihre Sonderausgaben zusammenrechnen. Das sind Ihre Anteile zu den Sozialversicherungsbeiträgen und Versicherungsbeiträge zu
   a) Auto-Haftpflichtversicherungen (Privatwagen, nicht bei Inanspruchnahme der Kilometerpauschale)
   b) private Haftpflichtversicherungen aller Art
   c) Unfallversicherungen (auch noch abzuschließende)
   d) Kranken- und Kranken-Zusatzversicherungen
   e) Risiko-Lebensversicherungen (auch noch abzuschließende)
   f) Berufsunfähigkeitsversicherungen (auch noch abzuschließende)
   g) Einzahlungen in Bausparverträge (auch für noch abzuschließende Verträge)

So berechnen Sie Ihre Sonderausgaben, und nur so können Sie feststellen, ob für Sie Beitragszahlungen in Kapital-Lebensversicherungen sinnvoll oder eine schlechte Geldanlage sind:

Sonderausgaben:

für den Vorwegabzug (höchstens 3000 DM Ledige/6000 DM Verheiratete einsetzen)

	bisher	künftig
Arbeitgeberanteile zur Rentenvers.	________ DM	________ DM
Versicherungsbeiträge:	bisher	künftig
Arbeitnehmeranteile zur Sozialvers. (einschließlich Krankenkasse)	________ DM	________ DM
private Haftpflichtvers.	________ DM	________ DM
andere Haftpflichtvers.	________ DM	________ DM
Kfz-Haftpflichtvers. (Privat-Pkw)	________ DM	________ DM
Unfallversicherungen	________ DM	________ DM
Risiko-Lebensvers.	________ DM	________ DM
Berufsunfähigkeitsvers.	________ DM	________ DM
private Krankenvers.	________ DM	________ DM
Bausparverträge (Einzahlungen)	________ DM	________ DM
Zwischensumme:	________ DM	________ DM
Kapital-Lebensvers.:	________ DM	________ DM
gesamt:	________ DM	________ DM

Vergleichen Sie jetzt die Zwischensumme (ohne Beiträge zu Kapital-Lebensversicherungen) und die Endsumme mit den oben angegebenen Beiträgen für Ihre voll und zur Hälfte absetzbaren Sonderausgaben.
Beachten Sie auch, daß es bei den Beiträgen zu notwendigen Versicherungen (Haftpflicht-, Unfall-, Risiko-Lebens- und Berufsunfähigkeitsversicherungen) nicht darauf ankommt, ob sie in den Rahmen Ihrer Sonderausgaben passen. Diese Versicherungen braucht man. Dagegen ist eine Kapital-Lebensversicherung eine Versicherung, die Sie nicht brauchen – ein Sparvertrag.
Wenn die Beiträge hierzu nicht in den Rahmen Ihrer voll absetzbaren Sonderausgaben passen, lesen Sie aufmerksam das Kapitel ›Wie aus falschen Lebensversicherungen herauskommen?‹ (Seite 149).

3. Zwischensumme ermitteln
4. Zwischensumme mit Ihrem Sonderausgaben-Höchstbetrag vergleichen (Ziffer 1 beachten):
a) Sind der Vorwegabzug und die voll abzugsfähigen Sonderausgaben nicht voll ausgenutzt, empfiehlt sich evtl. für den noch offenen Betrag der Abschluß einer Kapital-Lebensversicherung oder Rentenversicherung über zwölf Jahre zum Steuernsparen. Beachten Sie aber das auf Seite 120 Gesagte über die Veränderungsmöglichkeiten bei den Sonderausgaben! Und beachten Sie folgendes: Die geringe Rendite der Kapital-Lebensversicherung, die Inflation und vor allem eine lange Laufzeit verderben die Steuervorteile. Mit anderen Worten: Die Steuervorteile wirken sich um so mehr aus, je schneller das steuerbegünstigt eingesetzte Kapital wieder zurückfließt. Das ist leicht nachzuvollziehen, wenn man sich vor Augen führt, daß bei einem Steuersatz von 50 Prozent ein zu 50 Prozent abzugsfähiger Lebensversicherungsbeitrag eine Rendite von 25 Prozent brächte, wenn man ihn nach einem Jahr zurückerhalten würde (was leider nicht geht, weil die Mindestlaufzeit 12 Jahre sein muß.) Nach zwei Jahren wäre die Rendite nur noch 12,5 Prozent usw. So kann eine Kapital-Lebensversicherung bei einem Steuersatz von 50 Prozent und vollem Sonderausgabenabzug der Beiträge über 12 Jahre eine Rendite von 14 Prozent bringen, über 20 Jahre eine Rendite von 10 und über 30 Jahre nur noch eine Rendite von 8,5 Prozent.
b) Sind der Vorwegabzug und die voll abzugsfähigen Sonderausgaben voll ausgeschöpft, ist aber noch ein Spielraum bei den zur Hälfte abzugsfähigen Sonderausgaben, lohnt sich der Abschluß einer Lebens- und Rentenversicherung nicht für Normalverdiener, sondern nur für junge Leute, die einen hohen Spitzen-Steuersatz haben. Bei einem geringen Steuersatz lohnt sich der halbe Abzug des Lebensversicherungsbeitrages nicht, weil er die schlechte Rendite einer Kapital-Lebensversicherung nur unwesentlich verbessert.

Es gibt Unternehmen, bei denen man bei 12-Jahres-Verträgen auf höhere Renditen kommt, die erheblich von den obigen Durchschnittswerten abweichen können, also auch schon bei geringerem Spitzensteuersatz zu empfehlen sind.

Wenn Ihnen ein Versicherungsvertreter ganz pauschal etwas über ›Renditen von sieben bis acht Prozent‹ bei Lebensversicherungen erzählt, die sich ›durch Steuervorteile noch auf fünfzehn Prozent erhöhen‹, dann sollten Sie diesen Vertreter ganz schnell vor die Tür setzen, weil er Sie zu täuschen versucht.

Vor gar nicht langer Zeit ›log‹ der Generaldirektor einer Versicherungs-Aktiengesellschaft – öffentlich und unwidersprochen – in einer Fernsehsendung, die Rendite der Kapital-Lebensversicherung sei bei seiner Gesellschaft ohne Einrechnung von Steuervorteilen 7,5 Prozent. Und Millionen Fernsehzuschauer hörten zu und glauben es seither.

Wie auch ahnungslose Vertreter zum Verbreiten von Unwahrheiten verführt werden, zeigt folgendes Beispiel: Da gibt es eine von den Verbänden und Unternehmen empfohlene ›Schulungsmappe: 44 häufige Einwände von Versicherungskunden und die besten Antworten – Techniken zur Einwandentkräftigung mit Übungen‹. Unter Ziffer 9 wird für den Einwand des Kunden »Ich bringe mein Geld lieber zur Sparkasse« als beste Antwort empfohlen: »Sie haben bei einer Lebensversicherung eine beträchtliche Rendite. Auf Grund der Steuervergünstigungen und der staatlichen Sparzulage kann die Rendite bis zu 15 Prozent betragen.« Das ist natürlich hinsichtlich der üblicherweise angebotenen langfristigen Lebensversicherung und für den Fall des Otto Normalverbrauchers unwahr – in vielerlei Hinsicht. Sie können aber sicher sein, daß etliche Versicherungsvermittler und Vertreter durch die Gegend laufen und ahnungslos solche Unwahrheiten verallgemeinern und verbreiten. Und uninformierte Verbraucher sind natürlich nicht in der Lage, diese raffiniert eingefädelten Täuschungsmanöver zu erkennen.

Vor der Entscheidung über den Abschluß einer Kapital-Lebensversicherung zum Steuernsparen müssen Sie genau überlegen, ob Sie nicht noch eine Unfall-, Berufsunfähigkeits- oder Risiko-Lebensversicherung abschließen oder Einzahlungen in einen Bausparvertrag vornehmen sollten (alle Beiträge hierzu sind ebenfalls als Sonderausgaben steuerbegünstigt). Ausreichend hohe Unfall-, Berufsunfähigkeits- und Risiko-Lebensversicherungen sind sehr wichtig für die Familienversorgung. Und die Vermögensbildung über Grundbesitz in Verbindung mit einem Bausparvertrag – auch als Altersversorgung – ist auf Dauer viel rentabler als der Abschluß einer Kapital-Lebensversicherung – wegen des billigen Baugeldes und nach dem Motto: »Im Alter lieber in den eigenen vier Wänden – als hohe Mieten und niedrige Lebensversicherungsrenten!« – Tatsächlich wollen nach einer Umfrage des Emnid-Instituts vier Fünftel unserer Bevölkerung in den eigenen vier Wänden wohnen. Doch die Hälfte davon erreichen das Ziel nicht, oft weil ihnen das Geld fehlt, das die Lebensversicherungsunternehmen aus ihren Portemonnaies saugen und zum Teil auch in Wohnungen anlegen, die sie dann an die Lebensversicherten vermieten – in dreißig Jahren aber sehr teuer.

Das mietfreie Wohnen ist für Ihr Alter eine bessere Versorgung als eine völlig entwertete Kapital-Lebensversicherung. Die Rendite für Einzahlungen in Bausparverträge ist nicht wesentlich niedriger als die Rendite bei kurzfristigen Lebensversicherungen. Die Steuervergünstigungen sind die gleichen, da Einzahlungen in einen Bausparvertrag Sonderausgaben sind.

Das Haus, 8/86: »Mehr Geld für die Mieten – Mietausgaben belasten die Einkommen immer stärker. Rentner sind davon besonders betroffen. Der Wunsch, in den eigenen vier Wänden zu wohnen, wird daher zusätzlich dadurch gefördert, daß man sich im Alter von solchen Belastungen freihalten will.«

Staatssekretär Häfele in *Versicherungswirtschaft,* 13/86: »Man muß die eigene Wohnung oder das eigene Haus immer mehr als Bestandteil der Lebensvorsorge sehen. Wenn jemandem die Rente nicht reicht, dann ist es keine Schande zu fragen, warum soll ich das Wohneigentum vererben. Ich nutze das selbst. Ich veräußere das Eigentum. Der Erwerber soll mir jeden Monat etwas dafür bezahlen. Ich war kürzlich in England, um mich zu informieren. Dort hat man eine Wohneigentumsquote von 62%. In England steht der Gedanke der Lebensvorsorge ganz stark im Vordergrund. Wir streben eine Quote von etwa 50% an. Die Bürger müssen entscheiden.« (Die Wohneigentumsquote liegt hierzulande bei etwa 40%, obwohl 80% in eigenen vier Wänden leben möchten).

Aus Broschüre ›Wie man sich richtig versichert‹: »Was sich jeder als Ziel setzen sollte, ist eine eigene schuldenfreie Wohnung fürs Alter als zusätzliche Altersversorgung. Die Miete, die man im Alter nicht mehr zu zahlen braucht, gleicht in etwa den Einkommensverlust aus, den man als Rentner gegenüber seinem früheren Einkommen hinnehmen muß. Die meisten kommen aber nicht zur eigenen Wohnung, weil ihnen Geldhaie beizeiten und oft langfristig das Geld abnehmen, welches dann im richtigen Zeitpunkt als Eigenkapital zum Wohnungskauf fehlt.«

Steuertabelle 1989		**Ledige** (Grund-Tabelle)	
Zu versteuerndes Einkommen	Durchschnittssteuersatz %	Spitzensteuerbelastung auf die letzten 100,– DM %	Bei halber Abzugsfähigkeit einer Sonderausgabe %
30 000	20,3	30,5	15,3
40 000	23,5	36,3	18,2
50 000	26,6	40,9	20,5
60 000	29,3	44,5	22,3
70 000	31,7	47,2	23,6
80 000	33,7	49,0	24,5
90 000	35,5	50,4	25,2
100 000	37,0	51,8	25,9

Wichtig: Steuervorteile durch Beiträge zu einer Kapital-Lebensversicherung erreichen Sie nicht dadurch, daß Sie diese Beiträge in ein Steuerformular einsetzen, sondern wenn die Prämien in den Rahmen der Sonderausgaben passen und vom Finanzamt wirklich berücksichtigt werden (Seite 123).

Der untenstehenden Tabelle können Sie den jeweiligen Steuervorteil gemäß Ihrem Einkommen entnehmen.

Steuertabelle 1989		**Verheiratete** (Splitting-Tabelle)	
Zu versteuerndes Einkommen	Durchschnittssteuersatz %	Spitzensteuerbelastung auf die letzten 100,– DM %	Bei halber Abzugsfähigkeit einer Sonderausgabe %
40 000	16,8	23,6	11,8
60 000	20,3	30,5	15,3
80 000	23,5	36,3	18,2
100 000	26,6	40,9	20,5
120 000	29,3	44,5	22,3
140 000	31,7	47,2	23,6
160 000	33,7	49,0	24,5
180 000	35,5	50,4	25,2

Welche Versicherungssumme wählen?

Wenn Sie bereits einen ausreichenden Versicherungsschutz zur Versorgung der Familie über eine Risiko-Lebensversicherung haben, schließen Sie eine Kapital-Lebensversicherung nur noch für eine überschaubare Zeit von zwölf Jahren ab, um Steuern zu sparen. Dabei gehen Sie von dem Beitrag aus, der mit Sicherheit noch über zwölf Jahre in den Rahmen Ihrer abzugsfähigen Sonderausgaben paßt. Sind dies bei einem Selbständigen beispielsweise 2000 DM, dann wird die Versicherungssumme bei einer Laufzeit von zwölf Jahren etwa 12mal 2000 DM = 24 000 DM sein. Wer etwa fünfzig Jahre alt ist, sollte eine Rentenversicherung abschließen (siehe Seite 138) oder als versicherte Person ein Kind einsetzen, um nicht zu hohe Beitragsanteile für Versicherungsschutz zu verlieren, den man im Alter neben der – hoffentlich bestehenden – Risikoversicherung kaum noch braucht. Vielleicht sollte über eine Lebensversicherung zum Steuernsparen auch der Ehegatte versichert werden.

Wie und wo eine Kapital-Lebensversicherung abschließen?

Der Beitrag für eine Kapital-Lebensversicherung richtet sich nach der Versicherungssumme, dem Eintrittsalter und der Laufzeit des Vertrages. Sie können davon ausgehen, daß Sie die Versicherungssumme in den zu empfehlenden zwölf Jahren Vertragsdauer als Beiträge einzahlen. Bei der Kapital-Lebensversicherung zum Steuernsparen gehen Sie von dem Beitrag aus, der über zwölf Jahre noch in den Rahmen Ihrer Sonderausgaben paßt.

Die Beiträge zu Kapital-Lebensversicherungen sind etwa bei allen Gesellschaften gleich – nicht aber die Gewinnbeteiligung, die zusätzlich zur Versicherungssumme ausgezahlt wird, und auch nicht die Rückzahlungen bei vorzeitiger Aufhebung des Vertrages. Hier gibt es erhebliche Unterschiede (siehe Seite 114).

Da die Lebensversicherungsunternehmen bei hohen Versicherungssummen auf den Promillesatz Rabatte gewähren und eine Gesellschaft dabei alle bei ihr abgeschlossenen Verträge berücksichtigt, sollten Sie eine Kapital-Lebensversicherung zum Steuernsparen auch bei dem Unternehmen abschließen, bei dem Ihre Risiko-Lebensversicherung zur Familienversorgung läuft. Folgende Versicherungsunternehmen mit günstigen Konditionen bei der Risiko-Lebensversicherung bieten auch ebenso günstige Kapital-Lebensversicherungen mit hoher Gewinnbeteiligung und mit hohen Rückzahlungen bei vorzeitiger Vertragsaufhebung (in alphabetischer Reihenfolge, Adressen siehe Anhang).

Cosmos
Debeka
Europa
Hannoversche Leben
HUK Coburg Leben
Neue Leben
Provinzial Kiel
Vereinigte Postversicherung
Westfälische Provinzial

(Die Konditionen aller Gesellschaften sind zur Zeit in Bewegung. Günstig könnten auch folgende Gesellschaften sein: DEVK, Kölner Post, Provinzial Hannover, National Union.)

Fordern Sie von mehreren Versicherungsunternehmen Unterlagen und genaue Angaben an

1. über den Beitrag (dafür Geburtsdatum der zu versichernden Person abgeben),
2. über die voraussichtliche Gewinnbeteiligung bei einer Versicherung von 12 Jahren,
3. über die voraussichtliche Rückzahlung von Beiträgen bei vorzeitiger Aufhebung des Vertrages, zum Beispiel im dritten, fünften und achten Versicherungsjahr.

Was man bei einer Kapital-Lebensversicherung auf Dauer sparen kann

Da die Beiträge zu Kapital-Lebensversicherungen bei allen Versicherungsunternehmen annähernd gleich sind, lautet die entscheidende Frage: Wieviel können Sie durch den Abschluß einer Kapital-Lebensversicherung bei einer Gesellschaft verlieren, die eine schlechte Gewinnbeteiligung bietet? – Vergleiche in einschlägigen Magazinen und Zeitschriften zeigen: Es kostet Sie Tausende von DM, wenn Sie an ein schlechtes Versicherungsunternehmen geraten. Bei langfristigen Lebensversicherungen kostet es Sie sogar Zehntausende. (Siehe Grafik Seite 116.)

Die Zeitschrift *Capital* veröffentlichte im Januar 1986 einen Leistungsvergleich von Kapital-Lebensversicherungen unter der Überschrift ›40 Prozent Unterschied‹. Bei monatlichen Beiträgen von 100 DM ermittelte Capital folgende Ergebnisse (in Klammern Rendite):

Bei einer Laufzeit von 12 Jahren: höchste Auszahlung 20 752 DM (5,89%), niedrigste 16 835 DM (2,55%); Differenz fast 4000 DM.

Bei einer Laufzeit von 20 Jahren: höchste Auszahlung 46 410 DM (6,16%), niedrigste 34 982 DM (3,61%); Differenz fast 12 000 DM.

Bei einer Laufzeit von 30 Jahren: höchste Auszahlung 96 976 DM (5,94%), niedrigste 69 626 DM (4,07%); Differenz 27 000 DM.

Das heißt: Wer mit einer langfristigen Kapital-Lebensversicherung an ein schlechtes Unternehmen gerät, hat nicht nur hohe Inflationsverluste, sondern auch noch Verluste in Höhe von Zehntausenden von DM durch eine schlechte Überschußbeteiligung hinzunehmen. Und ein Wechseln ist nur unter großem Verlust möglich. Insofern ist es naiv, wenn Regierungs- und Aufsichtsbeamte, oft sogar Wissenschaftler, von einem Wettbewerb der – nicht garantierten – Überschußbeteiligungen reden.

Wie soll es einen ›Wettbewerb der Versprechungen‹ geben? Wie soll es einen Wettbewerb ohne Reaktionsmöglichkeiten der Verbraucher geben, wenn also der Lebensversicherte nur unter großen Verlusten zu einem Versicherungsunternehmen wechseln kann, das sich während der langen Vertragsdauer in der Gewinnbeteiligung günstiger entwickelt als andere? Wie soll es einen Wettbewerb um die Dienstleistungen der Gesellschaften geben, wenn diese nicht einmal beschrieben und keine Preise für sie angegeben werden?

Versicherungsbedingungen siehe Anhang Seite 190, Lebensversicherungshypothek Seite 145, Berlin-Darlehen Seite 148, Policendarlehen Seite 170, sonstige Hinweise Seite 170.

Vermögensbildende Lebensversicherung
(nach dem 624-DM-Gesetz)

Diese Form der Kapital-Lebensversicherung hat durch die Steuerreform des Jahres 1988 ihre Bedeutung verloren. Bisher wurde die vermögensbildende Lebensversicherung bis zu einem Jahresbeitrag von 624 DM vom Staat mit einer Sparzulage von 16 Prozent (bei Arbeitnehmern mit Kindern bis zu 26 Prozent) bezuschußt. Diese Sparzulage ist ab 1. Januar 1989 für neu abgeschlossene Verträge entfallen. Für bestehende Versicherungen werden die Zuschüsse nur noch für die ersten zwölf Vertragsjahre gezahlt. Wer also im Jahre 1980 eine vermögensbildende Lebensversicherung abgeschlossen hat, erhält nur noch bis zum Jahre 1992 die Sparzulagen (sofern die Einkommensgrenzen nicht überschritten sind).

Der Arbeitgeber kann allerdings weiterhin tarifvertragliche Zulagen zu vermögensbildenden Lebensversicherungen seiner Arbeitnehmer zahlen.

Nach der Steuerreform aus dem Jahre 1988 sind ab 1. Januar 1989 als vermögensbildende Sparvorgänge weiterhin durch Sparzulagen für einen Jahresbeitrag von bis zu 936 DM begünstigt das Bausparen und das Beteiligungssparen (Aktienfonds, Unternehmensbeteiligungen usw.). Hierüber sollte jeder Arbeitnehmer einmal mit mehreren Geldinstituten und Bausparkassen reden (siehe auch das Kapitel ›Geldanlage und Altersversorgung‹ auf Seite 162).

Hinweise

Wer eine vermögensbildende Lebensversicherung mit einer langen Laufzeit abgeschlossen hat, sollte diese auf eine Laufzeit von insgesamt 12 Jahren ab ursprünglichem Beginn verkürzen, siehe Kapitel ›Wie aus falschen Lebensversicherungen herauskommen‹ auf Seite 149.

Wer vor dem Jahre 1989 eine Vermögensbildungsversicherung über einen Jahresbeitrag von 936 DM abgeschlossen hat, sollte diese auf einen Jahresbeitrag von 624 DM herabsetzen lassen, weil eine Sparzulage von 16 bis 26 Prozent nur auf einen Jahresbeitrag von 624 DM gezahlt wird.

Direktversicherung
(über den Arbeitgeber)

Direktversicherung (durch Gehaltsumwandlung) – nur für den Arbeitnehmer mit hohem Steuersatz

Eine Direktversicherung braucht niemand, weil sie im Grunde eine ganz gewöhnliche Kapital-Lebensversicherung und damit zu neunzig Prozent ein Sparvertrag ist. Für Arbeitnehmer mit hohem Einkommen kann sich aber eine Direktversicherung lohnen, um Steuern zu sparen.

Die Direktversicherung ist eine Kapital-Lebensversicherung, die der Arbeitgeber im Rahmen der betrieblichen Altersversorgung für den Arbeitnehmer abschließt. Das heißt: Beitragszahler ist der Betrieb, Versicherter ist der Arbeitnehmer. Auf alle Leistungen aus dieser Versicherung hat der Arbeitnehmer direkten Anspruch, bei vorzeitigem Tod seine Hinterbliebenen.

Für die Direktversicherung gilt das oben zur Kapital-Lebensversicherung Gesagte, insbesondere, daß auch die Direktversicherung – wie alle Kapital-Lebensversicherungen – für sich selbst eine schlechte langfristige Geldanlage ist. Auf den Abschluß unrentabler Direktversicherungen im Rahmen einer ›Versorgungszusage‹ und der betrieblichen Altersversorgung hat der einzelne Arbeitnehmer in der Regel keinen Einfluß. Deshalb soll nur die zweite Form der Direktversicherung näher behandelt werden, nämlich die Direktversicherung durch Gehaltsumwandlung oder Gehaltsverzicht.

Hier kann der Arbeitnehmer mit dem Arbeitgeber vereinbaren, daß der Betrieb künftig einen bestimmten Betrag vom Gehalt einbehält und in eine Direkt-Lebensversicherung einzahlt. Der Vorteil einer solchen Vereinbarung: Der Arbeitnehmer zahlt für das umgewandelte Gehalt nur 15 Prozent Steuern. Es gibt aber eine Reihe von Voraussetzungen, die zu beachten sind, vor allem:

- Vertragspartner und Beitragszahler muß der Betrieb sein;
- der Lebensversicherungsbeitrag darf in der Regel 3000 DM im Jahr nicht übersteigen;
- die Versicherung muß mindestens bis zum 60. Lebensjahr des versicherten Arbeitnehmers laufen;
- Ansprüche aus der Versicherung dürfen während des Dienstverhältnisses weder übertragen noch abgetreten oder beliehen werden.

Auch die Direktversicherung ist nur eine Frage der Rendite. Diese Form der Kapital-Lebensversicherung lohnt sich nur für ältere Arbeitnehmer (so um die 40 Jahre), die sehr viel verdienen und deren Sonderausgaben ausgeschöpft sind. Für solche Arbeitnehmer bietet die Direktversicherung eine Möglichkeit, Steuern zu sparen, und zwar in Höhe ihres Spitzen-Steuersatzes abzüglich 15 Prozentpunkte (die sogenannte ›pauschalierte Lohnsteuer‹, die der Betrieb für das in einen Lebensversicherungsbeitrag umgewandelte Gehalt abführt).

Man sollte die Direktversicherung nicht zu früh abschließen; denn lange Laufzeiten, die nicht gerade umwerfenden Lebensversicherungsrenditen und die Inflation verderben sonst die Steuervorteile. Ein 40jähriger mit einem Spitzensteuersatz von 50 Prozent kann allerdings bei einer Laufzeit von 20 Jahren auf eine Rendite von 9 Prozent kommen, ein 48jähriger bei einer Vertragsdauer von nur 12 Jahren sogar auf über 10 Prozent (bei 50 Prozent Steuersatz). Ein 30jähriger mit einem Spitzensteuersatz von 50 Prozent kommt dagegen nur auf etwa 8 Prozent Rendite.

Welche Versicherungssumme für eine Direktversicherung wählen?

Die Versicherungssumme richtet sich nach dem Alter und dem Beitrag (in der Regel höchstens 3000 DM im Jahr). Die Laufzeit ist bis zum 60. Lebensjahr oder länger zwingend vorgeschrieben. Wer 40 Jahre alt und von seinem Arbeitgeber bis zum Endalter 60 jährlich 3000 DM in eine Direktversicherung einzahlen lassen will, wird eine Versicherungssumme von 20mal 3000 DM = 60 000 DM erhalten.

Bei welcher Gesellschaft eine Direktversicherung abschließen?

Eine Direktversicherung muß der Arbeitgeber für Sie abschließen. Da Sie aber – durch Ihre Gehaltsumwandlung oder Ihren Gehaltsverzicht – letztlich der Beitragszahler sind, können Sie natürlich bestimmen, bei welchem Unternehmen Ihre Direktversicherung abgeschlossen werden soll. Lassen Sie sich hier nicht durch verkappte Vermittler in der Buchhaltung oder Personalabteilung Ihres Betriebes an irgendein Versicherungsunternehmen vermitteln; denn auch hier gilt, daß sich die Lebensversicherungsgesellschaften zwar nicht in den Beiträgen unterscheiden, doch ganz erheblich in der Gewinnbeteiligung und vor allem bei der Rückzahlung von Beiträgen im Falle der vorzeitigen Aufhebung des Vertrages.

Der letzte Punkt ist bei der Direktversicherung besonders wichtig: denn wenn Sie nach fünf oder zehn Jahren den Arbeitgeber wechseln, dann fällt Ihnen der Wert Ihrer Direktversicherung zu. Und der ist eben bei den einzelnen Lebensversicherungsunternehmen bei vorzeitiger Vertragsaufhebung sehr unterschiedlich und differiert um Tausende von DM (Seite 114). Erwägen Sie daher für den Abschluß einer Direktversicherung ganz besonders die nachfolgenden Unternehmen, die alle Voraussetzungen erfüllen:

Cosmos
Debeka
Europa
Hannoversche Leben
HUK Coburg
Neue Leben
Provinzial Hannover
Provinzial Kiel
Vereinigte Postversicherung
Westfälische Provinzial

Haben Sie eine Direktversicherung bei einer schlechten Gesellschaft, dann kann sich eventuell noch ein Wechsel lohnen, den Sie dadurch erreichen, daß Sie die alte Versicherung beitragsfrei stellen und anderweitig eine neue abschließen. Das Ganze ist ein Rechenexempel (siehe Kapitel ›Wie aus falschen Lebensversicherungen herauskommen?‹). Fordern Sie von mehreren Versicherungsunternehmen Unterlagen an. Geben Sie dazu Ihr Geburtsdatum an. Und verlangen Sie Modellrechnungen für die voraussichtliche Gewinnbeteiligung bei Ablauf der Versicherung und – ganz wichtig! – für Rückzahlungen bei vorzeitiger Aufhebung der Versicherung nach fünf oder zehn Jahren.

Bei einer Vereinbarung mit Ihrem Arbeitgeber über den Abschluß der Direktversicherung müssen Sie unbedingt darauf achten, daß Sie vom Betrieb eine Versicherungszusage erhalten, in welcher ein unwiderrufliches Bezugsrecht für Sie und Ihre Hinterbliebenen festgelegt ist.

Denken Sie daran: Mit dem Abschluß einer Direktversicherung gehen Sie eine langfristige Bindung ein. Sie können diese Versicherung bis zum 60. Lebensjahr nicht aufheben und auch nicht beleihen oder – zum Beispiel für eine Finanzierung – abtreten, ohne alle Vergünstigungen zu verlieren. Nur bei einem Wechsel des Arbeitgebers kommen Sie aus dieser Bindung heraus, wobei aber die Mindestlaufzeit von zwölf Jahren für den Erhalt der steuerlichen Vergünstigung eingehalten werden muß.

Sie können den Vertrag nach dem Ausscheiden aus dem Betrieb auf eine Gesamtlaufzeit von zwölf Jahren verkürzen und danach die Beiträge selbst bezahlen oder (wichtig!) *nach* Erhalt des Nachtrages für die Laufzeitverkürzung die Versicherung beitragsfrei stellen lassen.

Für Arbeitnehmer mit niedrigem Einkommen und entsprechend niedrigem Steuersatz lohnt sich der Abschluß einer Direktversicherung über den Betrieb nicht. Erstens ist die Rendite der Direktversicherung – einschließlich der eingesparten Steuern – nicht wesentlich höher als bei einer normalen Kapital-Lebensversicherung. Und außerdem verringert sich für solche Arbeitnehmer bei einem Verzicht auf Gehaltserhöhung ihr Nettoeinkommen; denn auf die in Lebensversicherungsbeiträge umgewandelte Gehaltserhöhung müssen auch noch Sozialversicherungsbeiträge gezahlt werden. Weil diese Arbeitnehmer in der Regel aber noch nicht den Höchstbeitrag für die Sozialversicherung erreicht haben, würde ein Gehaltsverzicht hier zu weniger Nettoauszahlungen wegen höherer Sozialabgaben führen.

Direktversicherungen können auch vom Arbeitgeber für seinen mitarbeitenden Ehegatten oder andere Familienmitglieder abgeschlossen werden.

Rentenversicherung

Rentenversicherung – ein steuerbegünstigter Sparvertrag vor allem auch für Kranke, Ältere und Junggesellen

Eine Rentenversicherung – als Versicherung gegen Wechselfälle des Lebens – braucht keiner, weil sie im Grunde nur ein steuerbegünstigter Sparvertrag ist. Sie bietet überhaupt keinen Versicherungsschutz. Selbst Kranke können diese Lebensversicherung abschließen.

Bei einer Arbeitsunfähigkeit wird keine Rente gezahlt (hier gewährt eine Berufsunfähigkeitsversicherung finanziellen Schutz in Form von Rentenzahlungen, siehe Seite 76). Beim Tod vor Vertragsablauf werden bei einer Rentenversicherung nur die eingezahlten Beiträge zuzüglich Gewinne an die Hinterbliebenen gezahlt. Bei Ablauf der Rentenversicherung hat der Versicherte die Wahl, ob er bis zu seinem Tod die vereinbarte Rente oder eine entsprechende Kapitalabfindung ausgezahlt bekommen möchte.

Da es in der Regel unsinnig ist, bei Ablauf des Vertrages eine Rentenzahlung zu wählen, ist der Name Rentenversicherung irreführend. Die Rentenversicherung sollte als steuerbegünstigter Sparvertrag die eigentliche zusätzliche Altersversorgung sein – *wenn* sie rentabel ist. Und das ist wieder die alles entscheidende Frage der Rendite und der Steuervorteile. Es gilt daher: Ohne eine Steuerersparnis durch volle Abzugsfähigkeit der Rentenversicherungsbeiträge im Rahmen der Sonderausgaben ist auch diese Lebensversicherung keine gute Geldanlage.

Mit welcher Rente eine Rentenversicherung abschließen?

Bei der Rentenversicherung wird eine Monatsrente vereinbart, die von einem bestimmten Alter an gezahlt wird, oder eine entsprechende Kapitalabfindung anstelle der Rente. Die Höhe der Monatsrente oder Kapitalabfindung sollten Sie nach dem Beitrag festlegen, den Sie bis zum Ablauf des Vertrages noch im Rahmen Ihrer Sonderausgaben voll ausnutzen können (siehe hierzu Seite 123).

Wie und wo eine Rentenversicherung abschließen?

Die Beiträge zu einer Rentenversicherung richten sich nach dem Geschlecht und Alter des Versicherten sowie dem Beginn der Rentenzahlung (gleichzeitig der Termin der Auszahlung der Kapitalabfindung). Als Orientierungshilfe finden Sie nachstehend einige Angaben der Neuen Leben zu Rentenversicherungen, die bei entsprechenden Steuervorteilen empfehlenswert sein könnten:

Jahresbeiträge (in Klammern Kapitalabfindung einschließlich voraussichtl. Überschußbeteiligung) für 100 DM Monatsrente ab Alter

Alter in Jahren	Männer 55	Männer 60	Männer 65	Frauen 55	Frauen 60	Frauen 65
40	1189,70 (29109,–)			1261,40 (30847,–)		
45		1033,70 (25328,–)			1101,40 (26940,–)	
50			872,10 (21421,–)			927,40 (22704,–)

Die Rendite der Einzahlungen über 15 Jahre liegt bei diesen Werten über 6 Prozent, ist aber – wie bei den Kapital-Lebensversicherungen – nicht garantiert.

Die Cosmos bietet eine Rentenversicherung mit einem Berufsunfähigkeitszusatz an (Beitragsfreiheit und Monatsrente bei Berufsunfähigkeit während der Vertragsdauer).

Fordern Sie von den in den vorstehenden Kapiteln genannten Versicherungsunternehmen Unterlagen über eine Rentenversicherung an. Geben Sie dabei Ihr Geburtsdatum an. Verlangen Sie Modellrechnungen über die Gewinnbeteiligung, also Auskunft darüber, welche Kapitalabfindung plus Gewinne bei Ablauf voraussichtlich ausgezahlt wird.

Schließen Sie Rentenversicherungen möglichst nur mit kurzen Laufzeiten von zwölf bis fünfzehn Jahren ab. Längere Laufzeiten verderben die höhere Rendite, die Sie durch Steuervorteile erzielen. Außerdem läßt sich über eine längere Laufzeit nicht die dauernde Abzugsfähigkeit der Rentenversicherungsbeiträge im Rahmen der Sonderausgaben vorhersehen (siehe Seite 123). Ohne diese Abzugsfähigkeit sind Beiträge zu einer Rentenversicherung keine gute Geldanlage.

Fondsgebundene Lebensversicherung

Die fondsgebundene Lebensversicherung ist eine Abart der Kapital-Lebensversicherung oder mehr eine Kombination von Risiko-Lebensversicherung und Investmentfonds. Der Versicherte hat Versicherungsschutz für den Todesfall. Und seine Sparanteile werden über ein Sondervermögen der Gesellschaft in Wertpapieren angelegt. Das hat den Vorteil, daß die Unternehmensvorstände nicht so große Manipulationsmöglichkeiten mit dem ihnen überlassenen Versichertengeld haben (wie bei der Kapital-Lebensversicherung, bei der die Sparanteile und alle Überschüsse aus Versichertengeld nicht vom Unternehmensgeld getrennt sind).

Die Beiträge zu fondsgebundenen Lebensversicherungen sind nicht – wie bei der gewöhnlichen Kapitalversicherung – im Rahmen der Sonderausgaben vom Einkommen absetzbar. Dieser Sonderausgabenabzug ist aber ohnehin nur bei ganz wenigen Versicherten gegeben, weil der Rahmen der Sonderausgaben in der Regel durch andere Beträge ausgeschöpft ist (Beiträge zu Renten-, Kranken- und anderen Versicherungen, siehe Seite 123).

Die Steuerfreiheit von Erträgen der fondsgebundenen Lebensversicherung ist – in Anbetracht der Diskussion um die Quellensteuer muß man sagen: noch – gegeben wie bei der normalen Kapital-Lebensversicherung. Allerdings hat dieser Steuervorteil wenig Bedeutung, weil die Fondserträge weitaus überwiegend aus Wertsteigerungen der Anlagen entstehen und diese ohnehin steuerfrei sind (wie andere Wertsteigerungen, z. B. von Grundbesitz, Aktien oder Investmentfonds).

Die Erträge aus fondsgebundenen Lebensversicherungen waren in der Vergangenheit höher als die aus normalen Kapital-Lebensversicherungen. Aber auch hier gilt die grundsätzliche Empfehlung: Trennen Sie Versicherung und Geldanlage. Das eine hat mit dem anderen nichts zu tun. Schließen Sie zur Versorgung der Familie eine Risiko-Lebensversicherung ab (siehe Seite 64). Und legen Sie das restliche Geld selbst in einem Investmentfonds, in Wertpapieren oder in Grundbesitz an (siehe Kapitel ›Geldanlage und Altersversorgung‹, Seite 162). Dann haben Sie sich die Freiheit erhalten, jederzeit die Geldanlage verändern zu können, wenn sich der Fonds des Lebensversicherungsunternehmens nicht so günstig entwickeln sollte.

Wer sich allerdings nicht zutraut, zusammen mit einem Geldinstitut eine eigene Geldanlage zu betreiben, sollte dann schon eher eine (kurzfristige) fondsgebundene Lebensversicherung abschließen als eine normale Kapital-Lebensversicherung. Unternehmen und Vertreter bieten die Fondsversicherung allerdings nicht so gerne an, weil hier – wie oben bereits erwähnt – für die Gesellschaften nicht so sehr die beliebige Verfügbarkeit über anvertrautes Versichertengeld und die vielen Manipulationsmöglichkeiten gegeben sind wie bei der normalen Kapital-Lebensversicherung.

Sterbegeld-, Aussteuer-, Ausbildungsversicherungen

Sterbegeld-, Aussteuer- und Ausbildungsversicherungen sind kleine Kapital-Lebensversicherungen, die in der Regel nicht empfehlenswert sind. Hier geht es im wesentlichen um das Ansparen von Geld. Und dieses kann jeder besser und rentabler selbst machen, siehe Kapitel ›Geldanlage und Altersversorgung‹ auf Seite 162.

Werbegag: Kapital-Lebensversicherungen kombiniert mit Darlehen

Lebensversicherungshypothek

Gesellschaften und Vertreter werben mit der Kapital-Lebensversicherung oft als die scheinbar beste Möglichkeit der Baufinanzierung. Die Sache soll so funktionieren: Sie erhalten von einer Bank oder einer Versicherungsgesellschaft ein Hypotheken-Darlehen, das im Grundbuch abgesichert werden muß. Sie zahlen dafür Zinsen, aber keine Tilgung. Dafür soll eine Kapital-Lebensversicherung abgeschlossen werden, mit der die Tilgung angespart wird, die mit der Auszahlung der Versicherung erfolgt (Verrechnungsabkommen). Sie zahlen also über die volle Laufzeit die vollen Zinsen auf den vollen Darlehensbetrag.

Eigentlich ist leicht einzusehen, warum diese Konstruktion unsinnig ist, weil man nämlich die Tilgung für ein Darlehen mit einem Effektivzins von 8 Prozent nicht mit einer Rendite von 5 bis 6 Prozent ansparen sollte. Diese Rechnung geht niemals zugunsten eines Verrechnungsabkommens auf. Also müssen andere Vorteile hinzukommen. Diese bestehen allein darin, daß man für *vermieteten* Grundbesitz die Zinszahlungen, die bei einer Lebensversicherungshypothek wegen der ausgesetzten Tilgung besonders hoch sind, zur Zeit (noch) steuerlich absetzen kann. *Also sollte überhaupt nur der an die Kapital-Lebensversicherung denken, der vermieteten Grundbesitz finanzieren will.*

In *Capital* 2/87 wurden die unterschiedlichen Finanzierungsmöglichkeiten für Hauskäufer untersucht. Das Ergebnis: Die Lebensversicherungshypothek ist nur bei Renditeobjekten, also bei vermietetem Grundbesitz ›empfehlenswert‹, in allen anderen Fällen ›nicht empfehlenswert‹. Leider werden aber immer wieder anderen Medien völlig falsche Berechnungen und Vergleiche zu Baufinanzierungen untergeschoben und von diesen ungeprüft abgedruckt. Mit solchen ›gedruckten Lügen‹ – zusätzlich in kopierter Form von Hunderttausenden von Vermittlern verbreitet – werden dann die Verbraucher getäuscht und betrogen.

In der *Welt* vom 9. 9. 1983 wurde eine Gegenüberstellung von einer normalen Tilgungshypothek und einer Lebensversicherungshypothek abgedruckt: Ein Bauherr habe bei einer Tilgungshypothek von 100 000 DM jährlich 8000 DM, bei einer Lebensversicherungshypothek einschließlich der Versicherungsprämien 10 000 DM zu zahlen – bei gleichem Zinssatz von sieben Prozent und gleicher Laufzeit von dreißig Jahren. Die Tilgungshypothek solle dabei zu einem ›Mehraufwand‹ von etwa 70 000 DM führen, weil der Lebensversicherte am Ende einen Überschuß aus der Lebensversicherung erhalte.

Hier handelt es sich um eine nachweisliche Irreführung der Verbraucher. Der Fehler in derartigen Berechnungen liegt darin, nicht zu berücksichtigen, daß der Bauherr mit der normalen Tilgungshypothek jährlich 2000 DM weniger zahlt, diese Differenz also dreißig Jahre lang anlegen kann und dann auch – wie aus der Lebensversicherung – einen Überschuß erzielt. Der Lebensversicherte erhält in der oben erwähnten Gegenüberstellung in dreißig Jahren nur einen Überschuß von 127 000 DM, was einer Verzinsung von etwa 4,5 Prozent entspricht. Der Bauherr mit der Tilgungshypothek kann aber durch die Anlage der 2000 DM, die er jährlich weniger zahlt, schon bei einer Verzinsung von sieben Prozent ein Kapital von über 200 000 DM bilden. Oder er kann die 2000 DM zur zusätzlichen Tilgung verwenden. Zur Absicherung wäre der Abschluß einer sehr billigen Restschuldversicherung (siehe Seite 64) möglich. Eine Kapitalversicherung, die in Verbindung mit einer Lebensversicherungshypothek abgeschlossen wird, besitzt alle Nachteile, die in dem Vorwurf des ›legalen Betruges‹ zusammengefaßt sind.

Nur bei vermietetem Grundbesitz kann sich möglicherweise eine Lebensversicherungshypothek rentieren, weil bei einer Vermietung die Schuldzinsen steuerlich absetzbar sind. Und die fallen bei der Tilgungshypothek von Jahr zu Jahr entsprechend der Tilgung, während sie bei der Lebensversicherungshypothek wegen der fehlenden Tilgung über die gesamte Laufzeit gleichbleibend hoch sind, so daß hier durch die Möglichkeit des Schuldzinsenabzugs bei Vermietung ein höherer Steuervorteil erreicht werden kann. Aber denken Sie an das abschreckende Beispiel eines Arztes, der auf Anraten eines Steuerberaters eine Kapital-Lebensversicherung zur Finanzierung von Grundbesitz abgeschlossen, dann das Haus verkauft und 15 000 DM in der überflüssig gewordenen Lebensversicherung verloren hat (siehe Seite 52). Das gleiche passiert häufig bei einem Vermögensausgleich nach der Ehescheidung.

Wenn eine Lebensversicherungshypothek sinnvoll ist, sollte die Hypothek nur zu einem Teil abgedeckt werden in der Weise, daß nach Ablauf der Lebensversicherung die Versicherungssumme + Überschüsse (!) den Hypothekenbetrag erreicht. Daneben sollte eine sogenannte Restschuld-Risiko-Lebensversicherung abgeschlossen werden, die sehr billig ist und deren Versicherungssumme jährlich in der Weise abnimmt, wie die eingezahlten Beiträge und Überschüsse aus der Kapital-Lebensversicherung das Darlehen zunehmend abdecken (siehe Kapitel ›Risiko-Lebensversicherung‹, Seite 64).

Wichtig: Eine Versicherungsgesellschaft, die niedrige Zinsen anbietet, erzielt logischerweise auch niedrige Überschüsse.

Wer hier Fehler gemacht hat, sollte sich gerade in einer Zeit niedriger Zinsen bei mehreren Banken und seinem Steuerberater über eine Umschuldung informieren.

Die Restschuldversicherung bietet bei der Aufnahme von Krediten Versicherungsschutz bei Tod und Berufsunfähigkeit zu günstigen Prämien. Beispiel: Hypothek 250 000 DM, monatliche Belastung etwa 1800 DM. Der Versicherungsschutz nimmt jährlich ab entsprechend der Tilgung. Eine Rente in Höhe der monatlichen Belastung für den Fall einer Berufsunfähigkeit ist mitversichert. Ein 30jähriger zahlt dafür etwa 150 DM Beitrag im Monat.

Kapital-Lebensversicherung und Berlin-Darlehen

Ein beliebtes Angebot der Branche ist auch die Koppelung eines steuerbegünstigten Berlin-Darlehens mit einer Lebensversicherung. Auch hier heißt es: Rechnen statt Vertrauen. Wenn Sie festgestellt haben, daß ein Berlin-Darlehen für Sie günstig ist, dann können Sie diese Vorteile auch ohne den Abschluß einer Lebensversicherung erreichen.

Wie aus falschen Lebensversicherungen herauskommen?

Millionen Bundesbürger haben falsche Lebensversicherungen. Die Hälfte aller Kapital-Lebensversicherungen werden nicht bis zum Ablauf durchgehalten und vorzeitig aufgehoben, und das oft in Notlagen. Und dann gibt es für alle das böse Erwachen. Viele erhalten von ihrem eingezahlten Geld gar nichts, einige nur wenig zurück. Selbst wer nach zwölf oder fünfzehn Jahren in etwa das zurückbekommt, was er über diese Zeit an Beiträgen eingezahlt hat, muß Verluste hinnehmen: denn verzinslich angelegt hätte sich sein Geld in derselben Zeit vielleicht verdoppelt.

Auch Sie haben falsche Lebensversicherungen,
- wenn Sie hohe Beiträge für eine langfristige Lebensversicherung zur zusätzlichen Altersversorgung aufwenden, aber noch keinen ausreichenden Versicherungsschutz für Ihre Familie über eine Risiko-Lebensversicherung haben,
- wenn Sie eine langfristige Lebensversicherung haben und die Beiträge nicht im Rahmen der voll abzugsfähigen Sonderausgaben von Ihrem Einkommen absetzen können (Rendite dann nur fünf bis sechs Prozent bei vielleicht annähernd hoher Inflation),
- wenn Sie eine *langfristige* Vermögensbildende Lebensversicherung (nach dem 624-DM-Gesetz) abgeschlossen haben,

- wenn Sie eine Risiko-Lebensversicherung bei einer zu teuren Gesellschaft abgeschlossen haben,
- wenn Sie eine dynamische Lebensversicherung haben,
- wenn Sie in Ihre Lebensversicherung eine Unfall-Zusatzversicherung eingeschlossen haben,
- wenn Sie eine Berufsunfähigkeits-Versicherung in Ihre langfristige Kapital-Lebensversicherung eingeschlossen haben,
- wenn Sie eine Kapital-Lebensversicherung (auch Vermögensbildende oder Direktversicherung) bei einer Gesellschaft mit schlechter Überschußbeteiligung haben,
- wenn Sie eine Kapital-Lebensversicherung zur Tilgung von nicht vermietetem Grundbesitz abgeschlossen haben.

Haben Sie eine falsche Kapital-Lebensversicherung, dann sollten Sie nicht resignieren. Das bringt nur noch mehr Verluste. Tun Sie alles, um diese Verluste in Grenzen zu halten. Dafür müssen Sie wissen, daß die Lebensversicherungen neben den vielen versteckten Nachteilen einen Vorteil haben: Sie können mit ihnen so ziemlich alles machen, was Sie wollen – sie jederzeit kündigen, aufheben, verändern, herabsetzen, verkürzen, einschränken, beitragsfrei weiterlaufen lassen. Der Nachteil: Sie verlieren viel Geld – meist die ersten drei Jahresbeiträge und noch mehr. Dieses Geld haben die Vertreter und Gesellschaften im allgemeinen erst einmal in ihre Taschen gesteckt und geben es nicht wieder heraus. Das sollte Sie aber nicht von der Aufhebung oder Veränderung Ihrer Lebensversicherung abhalten; denn ob Sie die Versicherung unverändert durchhalten, verändern oder ganz aufheben: Sie haben dieses Geld so oder so verloren.

Es wäre also ein Selbstbetrug zu glauben, durch Weiterführung einer Lebensversicherung dieses Geld retten zu können. Auch eine Veränderung wird wie eine Aufhebung des alten Vertrages und Neuabschluß eines neuen Vertrages behandelt, wobei auch nur der Beitrag der alten Versicherung, abzüglich der ersten drei Jahresbeiträge, in die neue Versicherung eingerechnet wird. Es geht also vor allem darum, in der Zukunft und auf Dauer nicht noch mehr Geld zu verlieren – vor allem auch durch die Inflation.

Für alle Fälle gilt: Wenn Sie beim Lesen dieses Buches das Gefühl beschlichen hat, beim Abschluß Ihrer Lebensversicherung Fehler gemacht zu haben, stellen Sie zunächst einmal sofort alle Beitragszahlungen ein. Widerrufen Sie – soweit noch möglich – die letzten Lastschriften; denn diese Beiträge können zum größten Teil verlorene Zahlungen sein. Das geht für alle Beiträge, die in den letzten sechs Wochen abgebucht wurden. Sprechen Sie unter Vorlage der Lastschriftbelege mit Ihrer Bank oder Sparkasse.

Sie brauchen sich um den Versicherungsschutz zunächst nicht zu sorgen. Ihr Versicherungsunternehmen mahnt Sie erst einmal und kündigt in der Regel den Wegfall des Versicherungsschutzes per Einschreiben an. Auch einen Zahlungsbefehl oder Prozeß haben Sie nicht zu fürchten; denn Lebensversicherungsbeiträge sollen auf Empfehlung des Bundesaufsichtsamtes für das Versicherungswesen nicht eingeklagt werden. Und so hat der Präsident des Verbandes der Lebensversicherungsunternehmen in der Zeitung *Handelsblatt* vom 10. 11. 1983 erklärt, daß sich die Gesellschaften »im Wege der Selbstbeschränkung darauf verständigt haben, Erstbeiträge zu Lebensversicherungsverträgen trotz bestehenden Rechtsanspruchs nicht einzuklagen«. Folgebeiträge werden ohnehin nicht eingeklagt, da Lebensversicherungen zum Ende einer jeden Zahlungsperiode aufgehoben werden können.

Nach der Zahlungseinstellung müssen Sie dann zweierlei tun: sich einmal um einen besseren Versicherungsschutz bemühen und dann versuchen, aus Ihrer alten Lebensversicherung an Geld zu retten, was noch zu retten ist. Aber bei verschlechterten Gesundheitsverhältnissen nicht übereilt handeln.

So schaffen Sie klare Verhältnisse in Ihrem Lebensversicherungsschutz

1. Prüfen Sie als erstes, ob der Versicherungsschutz für die Familie überhaupt ausreicht.
2. Prüfen Sie als zweites, ob die Beiträge, die Sie jetzt schon für Lebensversicherungen bezahlen, bis zum Ablauf der Verträge voll von Ihrem Einkommen als Sonderausgaben abzugsfähig sind, und lassen Sie sich Angebote für eine evtl. Veränderung oder Aufhebung bestehender Kapital-Lebensversicherungen machen.
3. Lassen Sie sich gleichzeitig Angebote für Risiko-Lebens- und Berufsunfähigkeitsversicherungen machen und schließen Sie diese evtl. ab.
4. Verändern oder kündigen Sie danach Ihre Kapital-Lebensversicherungen.

Lebensversicherungen auf Risikobasis abschließen anstelle der Kapital-Lebensversicherung

Es hängt von Ihren gesundheitlichen Verhältnissen und Ihrem Alter ab, inwieweit Sie noch auf Risiko-Lebensversicherungen umsteigen können. Lassen Sie sich entsprechende Angebote für Risiko- und Berufsunfähigkeitsversicherungen machen. Bei zwischenzeitlichen Erkrankungen nicht übereilt handeln. Erst wenn der neue Versicherungsschutz unter Dach und Fach ist, sollten Sie die Kapital-Lebensversicherung endgültig kündigen.

Falsche Kapital-Lebensversicherungen: Laufzeit verkürzen – beitragsfrei stellen – kündigen

Um zu entscheiden, was Sie mit noch langfristig laufenden falschen Lebensversicherungen anstellen, brauchen Sie einige Angaben von Ihrer Versicherungsgesellschaft. Das sind:

- der Rückkaufswert (zuzüglich Überschußanteile)
- die beitragsfreie Versicherungssumme
- die Überschußanteile bei Auszahlung der beitragsfreien Versicherungssumme
- die Versicherungssumme (zuzüglich Überschußanteile) bei einer Verkürzung der Laufzeit bis 2 Jahre nach dem heutigen Datum (Restlaufzeiten von 2 bis 5 Jahren nach Vertragsänderungen sind Vorschrift), mindestens aber auf eine Gesamtlaufzeit von 12 Jahren ab ursprünglichem Vertragsbeginn – bei gleichem Beitrag!

Der sogenannte *Rückkaufswert* ist der Betrag, den eine Lebensversicherungsgesellschaft Ihnen bei Aufhebung der Versicherung zurückzahlen muß, wenn sie bereits ein gewisses Deckungskapital aus Ihren Sparbeiträgen gebildet hat. Das ist bei vielen Versicherungsunternehmen erst nach 3 Jahren der Fall. Es gibt aber Gesellschaften (z. B. Hannoversche Leben), die zahlen bei einer Vertragsaufhebung schon vom ersten Jahresbeitrag etwa drei Viertel zurück. Die Rückkaufswerte sind ab 1987 verbessert worden, was aber nur für neu abgeschlossene Verträge gilt.

Die *beitragsfreie Versicherungssumme* ist der Betrag, zu dem bis zum vereinbarten Vertragsablauf ohne weitere Beitragszahlungen Versicherungsschutz bestehen würde – entsprechend den bisher eingezahlten Beiträgen. Die beitragsfreie Versicherungssumme ist natürlich entsprechend geringer, wird Ihnen aber bei Ablauf der Versicherung einschließlich Überschußanteile ausgezahlt. Eine *Laufzeitverkürzung* hat den Vorteil, daß ein regulärer Ablauf erreicht und damit bei der Auszahlung zum vorgezogenen Ablauf sogenannte ›Schlußgewinne‹ fällig werden, wogegen bei einer vorzeitigen Aufhebung ein ›Stornoabzug‹ erfolgt. Um die Auswirkung der ›Schlußgewinne‹ zu ermitteln, brauchen Sie Antwort von Ihrer Gesellschaft auf folgende Fragen:

1. Wie groß ist der Rückkaufswert einschließlich Überschußanteile im jetzigen Zeitpunkt? –
2. Wie groß ist die beitragsfreie Versicherungssumme? –
3. Wie groß wird bei einer Beitragsfreistellung nach dem derzeitigen Stand der Überschußbeteiligung die voraussichtliche Auszahlung der beitragsfreien Summe einschließlich der Überschußanteile und Sonderausschüttungen bei Ablauf der Versicherung sein? –
4. Wie hoch ist die Versicherungssumme – bei gleichem Beitrag – nach einer Verkürzung der Laufzeit des Vertrags auf das Jahr ... (2 Jahre ab heute gerechnet oder – wenn der Vertrag noch keine 10 Jahre läuft – 12 Jahre nach Vertragsbeginn. Die Versicherungsgesellschaften verlangen noch eine Restlaufzeit des Vertrags nach jeder Veränderung, die – je nach Unternehmen – zwischen 2 bis 5 Jahren liegt.)?
5. Wie hoch wäre nach der Laufzeitverkürzung die voraussichtliche Auszahlung (Versicherungssumme zuzüglich Überschußanteile nach dem derzeitigen Stand)?

Hier arbeiten Gesellschaften gerne mit zwei faustdicken Lügen, um Aussteiger bei der Stange zu halten: Sie dürften diese Daten nicht angeben, und die Vertragsdauer nach einer Veränderung müßte noch weitere 12 Jahre betragen. Drohen Sie deshalb bei Ihrer Anfrage gleich damit, Sie würden sich an das Bundesaufsichtsamt für das Versicherungswesen wenden, dem eine Gesellschaft zum Beispiel eingestehen mußte: »Unser Schreiben war nicht korrekt. Wir haben Frau N. heute die gewünschte Auskunft gegeben.«

Eine Abkürzung der Laufzeit des Versicherungsvertrags ist grundsätzlich möglich, nur muß für eine steuerfreie Auszahlung der angesammelten Überschüsse eine Gesamtlaufzeit ab ursprünglichem Beginn von 12 Jahren eingehalten werden und die Beiträge dürfen nicht höher als vorher sein (siehe unten ›Kapitalertragssteuer‹).

Laufzeitverkürzung

Haben Sie die obengenannten Werte, entscheiden Sie erst einmal über die künftige Laufzeit. Können Sie den Beitrag ganz oder teilweise noch steuerlich ausnutzen, sollten Sie die Laufzeit auf jeden Fall auf 12 Jahre verkürzen und dabei eventuell auch noch den künftigen Beitrag entsprechend Ihren Sonderausgaben herabsetzen.

Dann haben Sie zwei Möglichkeiten:

1. Nach der Verkürzung der Laufzeit können Sie die Versicherung für die letzten Jahre beitragsfrei stellen lassen. (Wichtig: Erst nach Erhalt des Nachtrags über die Laufzeitverkürzung die Beitragsfreistellung beantragen, weil eine beitragsfreie Versicherung nicht mehr verändert, also auch nicht mehr verkürzt werden kann!)
2. Sie zahlen noch die Beiträge für die letzten Jahre nach der Laufzeitverkürzung. Hier können Sie von der Gesellschaft auch verlangen, daß als Beitrag die angesammelten Überschußanteile verwendet werden. Bei Laufzeitverkürzungen nehmen die Gesellschaften sehr häufig eine Beginnverlegung vor, die nach versicherungstechnischen Berechnungen des neuen Deckungskapitals erfolgt und die auch nicht nachprüfbar ist. Für die reguläre Vertragsdauer ist allerdings der ursprüngliche Vertragsbeginn maßgebend.

Wenn Sie die oben angegebenen Werte erfragt und vorliegen haben, brauchen Sie für die Entscheidung über Ihr weiteres Vorgehen ein paar Eckwerte aus der Zinses-Zins-Tabelle, um feststellen zu können, ob die Auszahlung des Rückkaufswertes jetzt oder das Warten auf die Auszahlung der beitragsfreien Summe (einschließlich Überschußanteile und Schlußgewinne) in ein paar Jahren das bessere Geschäft ist.

Das Ganze ist ein *Rechenexempel*. So können Sie zum Beispiel aus der nachfolgenden Tabelle ersehen, daß 10 000 DM Rückkaufswert und Überschußbeteiligung – jetzt kassiert und zur Tilgung eine 8%-Kredites verwendet – in 15 Jahren 31 700 DM ergeben. Die beitragsfreie Summe zuzüglich Gewinne, die Ihnen Ihr Versicherungsunternehmen in 15 Jahren auszuzahlen verspricht, ist vielleicht wesentlich niedriger als diese 31 700 DM. Dann ist es besser, sich mit dem Rückkaufswert abzufinden – auch wenn es viel weniger sein sollte als die eingezahlten Beträge.

Auszug aus der Zinses-Zins-Tabelle für einmalig angelegte Beträge:

Faktoren für ______________ Jahre zu ______________ Zinsen

Jahre	7%	8%	9%	10%
3	1,23	1,26	1,30	1,33
4	1,31	1,36	1,41	1,46
5	1,40	1,47	1,54	1,61
6	1,50	1,59	1,68	1,77
7	1,61	1,71	1,83	1,95
8	1,72	1,85	1,99	2,14
9	1,84	2,00	2,17	2,36
10	1,97	2,16	2,37	2,59
12	2,25	2,52	2,81	3,14
15	2,76	3,17	3,64	4,18
20	3,87	4,66	5,60	6,73
30	7,61	10,06	13,27	17,45

Für die Berechnung, was die *Weiterzahlung* Ihrer Beiträge oder das *Ansparen* gleicher Beträge oder die Verwendung gleicher Beträge für die *Tilgung von Schulden* bis zum Ablauf Ihrer Versicherung erbringen:

Auszug aus der Zinseszins-Tabelle für jährliche Einzahlung desselben Betrages:

Faktoren für ______________ Jahre zu ______________ Zinsen
(Faktor x jährlich gezahlter Betrag)

Jahre	5%	6%	7%	8%	9%
3	3,31	3,37	3,44	3,51	3,57
4	4,53	4,64	4,75	4,87	4,98
5	5,80	5,98	6,15	6,34	6,52
6	7,14	7,39	7,65	7,92	8,20
7	8,55	8,90	9,26	9,64	10,03
8	10,03	10,49	10,98	11,49	12,02
9	11,58	12,18	12,82	13,49	14,19
10	13,21	13,97	14,78	15,65	16,56
12	16,71	17,88	19,14	20,50	21,95
15	22,66	24,67	26,89	29,32	32,00
20	34,72	38,99	43,87	49,42	55,76
25	50,11	58,16	67,68	78,95	92,32
30	69,76	83,80	101,07	122,35	148,55

Diese Tabellen geben auch denen eine Antwort, die sagen: »Nun gut, die ersten Jahresbeiträge habe ich verloren. Ich möchte gerne wissen, welche Rendite jetzt die Zahlung der restlichen Beiträge im Vergleich zur Endauszahlung bringt.« – Wer also bei einem Lebensversicherungsvertrag mit einer Versicherungssumme von 100 000 DM und einer Laufzeit von 30 Jahren fast 10 000 DM als Abschlußkosten ›in den Wind schreibt‹ und die Auszahlung von z. B. 250 000 DM bei Ablauf nur zu 27 Jahresbeiträgen in Bezug setzt, kommt – neben dem anfänglichen Verlust von fast 10 000 DM – für die restlichen Beitragszahlungen natürlich auf eine höhere Rendite. Doch sollte diese Rechnung nicht darüber hinwegtäuschen, daß die Effektivrendite unter Einbeziehung der ›Abschlußkosten‹ wesentlich niedriger liegt.

Und dann geht diese Rechnung für ein Weiterzahlen auch nur auf, wenn der Vertrag tatsächlich bis zum Ablauf durchgehalten wird. Hebt der Versicherte nämlich im 13. Versicherungsjahr den Vertrag doch vorzeitig auf, und erhält er dann gerade seine gesamten Beiträge zurück, dann hat er fast 10 000 DM ›Abschlußkosten‹ verloren und für die letzten 10 Jahresbeiträge eine Rendite von vielleicht nur fünf Prozent erreicht.

Auf alle dreizehn Jahresbeiträge bezogen ist die Rendite aber gleich Null, da bei den meisten Gesellschaften erst nach zwölf bis fünfzehn Jahren die eingezahlten Beiträge in etwa zurückgezahlt werden.

Beispielrechnung zu Tabelle 2: Sie wollen die Rendite Ihrer Lebensversicherung errechnen. Teilen Sie die erfragte Ablaufleistung (Versicherungssumme + Gewinne) durch Ihren Jahresbeitrag. Das Ergebnis (z. B. 69,67) suchen Sie in der Tabelle 2 in der Spalte für die entsprechende Laufzeit (z. B. 30 Jahre) und finden so den Zinssatz (hier z. B. 5%). Diese Berechnung klappt natürlich nicht bei dynamischen Lebensversicherungen mit ihren ständig veränderten Beiträgen.

Beispielrechnung zu Tabelle 1 und 2: Sie haben die Rückvergütung bei einer Kündigung im jetzigen Zeitpunkt und die Ablaufleistung erfragt (für den ursprünglichen oder einen vorgezogenen Ablauf – siehe oben). Sie ermitteln die Jahre von heute bis zum Ablauf und suchen aus der Tabelle den Faktor für die Anlage des Rückkaufswertes bis zu diesem Ablauf zu einem bestimmten Zinssatz (z. B. 8%, die Sie für einen Kredit zahlen). Sie multiplizieren die Rückvergütung mit diesem Faktor und ziehen das Ergebnis von der Ihnen angegebenen Ablaufleistung ab. Dann verfahren Sie ähnlich wie in der Beispielrechnung 1: Sie teilen diesen Betrag durch den Jahresbeitrag (Ergebnis z. B. Faktor 8,5) und suchen in der Tabelle 2 in der Spalte für die restliche Laufzeit (ab heute bis zum Ablauf – z. B. 8 Jahre) einen annähernden Wert und finden so den Zinssatz (hier z. B. unter 5%). Die Weiterzahlung der Beiträge bringt eine Rendite von unter 5 Prozent, wäre also kaum zu empfehlen.

Falsche Kapital-Lebensversicherungen kündigen

In der Regel lohnen sich Vertragsänderungen zu falschen Kapital-Lebensversicherungen nur, wenn diese schon einige Jahre bestanden haben. Bei relativ jungen Versicherungen (Vertragsabschluß z. B. in den letzten 6 Jahren) ist in der Regel die Kündigung und Auszahlung eines Rückkaufswertes (soweit überhaupt vorhanden) der beste Weg, sich von einer falschen Kapital-Lebensversicherung zu trennen. *Sie können Lebensversicherungen jederzeit kündigen und sofort alle Beitragszahlungen einstellen.* Rufen Sie evtl. Lastschriften der letzten 6 Wochen über Ihre Bank oder Sparkasse zurück.

Noch einmal: Es lohnt nicht, eine vor kurzem falsch abgeschlossene Kapital-Lebensversicherung weiterzuführen in dem Irrglauben, man könne dadurch sein Geld noch retten. Man würde vielleicht viele Beiträge einzahlen, um die Hälfte davon als Rückkaufswert zurückzuerhalten.

Wenn Sie durch die Aufhebung Ihrer Lebensversicherung Verluste erleiden, finden Sie sich damit ab, daß Sie ›Opfer eines legalen Betruges‹ geworden sind. Aber *unterschreiben Sie keine Abrechnung,* die Ihnen bei der Vertragsaufhebung von Ihrer Gesellschaft vorgelegt wird. Der Bund der Versicherten (Seite 174) führt seit 1987 einen Musterprozeß um den ›legalen Betrug‹ bei Lebensversicherungen, der Auswirkungen auf alle Lebensversicherungsverträge haben wird. Sie können dann später vielleicht noch weitere Ansprüche stellen, die erst nach dreißig Jahren verjähren.

Sie müssen zwar die Originalpolice bei einer Vertragsaufhebung zurückschicken, sollten aber aus Beweisgründen alle Unterlagen fotokopieren und behalten.

Sie müssen bei einer Vertragskündigung in den ersten 12 Jahren auf die Überschußanteile (also nicht auf den Rückkaufswert) *Kapitalertragssteuer* in Höhe von 25 Prozent zahlen, die Sie aber über den Lohnsteuerjahresausgleich oder Ihre Ein-

Entscheidungshilfe zur Veränderung/Aufhebung der Lebensversicherung

Vers.-Nr. ______________________ Gesellschaft ______________________

____

RW Rückkaufswert (inkl. Überschüsse) am ______________________

Laufzeitverkürzung zum ______________________

Versicherungssumme nach Verkürzung ______________________

JB Jahresbeitrag nach Verkürzung ______________________

AZ Auszahlung (inkl. Gewinne) zum ›verkürzten‹ Ablauf ______________________

	Zinssatz	5%	6%	7%	8%
1. Rückkaufswert (RW) bis ______________________ (Faktor Tabelle 1)	angelegt	_____	_____	_____	_____
2. Jahresbeitrag (JB) bis ______________________ (Faktor Tabelle 2)	angelegt	_____	_____	_____	_____
3. Werte 1. + 2. addiert		_____	_____	_____	_____
Zum Vergl. dazu Auszahlung (AZ)		_____	_____	_____	_____
Rendite der Laufzeitverkürzung ca.		_____			

Nicht eingerechnet sind die Ihnen bekannten bisherigen Beitragszahlungen, die die Gesamtrendite über die ganze Vertragslaufzeit gesehen verschlechtern, evtl. unter 0 (= Verlust) drücken.

Zu berücksichtigen sind folgende Voraussetzungen für die Ausnutzung von Steuervorteilen: Sonderausgabenabzug, steuerfreie Gewinnauszahlung (Voraussetzungen: 1. 12 Jahre Gesamtlaufzeit, 2. bei höheren Beträgen 12 Jahre Restlaufzeit ab Änderungstermin). Bei einem Vergleich der Rendite mit den angegebenen Zinssätzen ist zu berücksichtigen, daß Sie evtl. Zinsen für einen Kredit/eine Hypothek zahlen, also den dafür berechneten Satz bei dem Vergleich zugrunde legen sollten; denn statt Einzahlung in Lebensversicherung wäre zusätzliche Tilgung denkbar. Immobilienanlagen bringen auch erhebliche (unbegrenzte) Steuervorteile, insbesondere bei Vermietung.

Wenn Sie sich für Laufzeitverkürzung statt Rückkauf entscheiden, sollten Sie evtl. nach Erhalt des Nachtrages über die Laufzeitverkürzung noch einmal ein Angebot für eine Beitragsfreistellung einholen und überprüfen.

kommensteuererklärung später wieder erstattet bekommen, wenn die Überschußanteile die Freigrenzen nicht übersteigen. Bei Laufzeitverkürzungen nehmen die Gesellschaften eine ›technische Beginnverlegung‹ vor. In diesen Fällen ist aber nach wie vor der ursprüngliche Vertragsbeginn maßgebend. Wer aber seine Lebensversicherung vor Ablauf der zwölf Jahre Mindestlaufzeit kündigt und in der Vertragsabrechnung einen hohen Abzug an Kapitalertragssteuer feststellt, der nicht im Rahmen der Freigrenzen geltend gemacht werden kann, sollte von der Gesellschaft eine Aufteilung der Überschußanteile nach den einzelnen Jahren verlangen und die Freigrenzen für die einzelnen Jahre geltend machen; denn Kapitalerträge sind in dem Jahr zu versteuern, in dem man wirtschaftlich über sie verfügen kann. Über die zugeteilten Überschußanteile kann ein Lebensversicherter aber jederzeit verfügen.

Geldanlage
und
Altersversorgung

Eines ist jedem Leser dieses Buches sicher klargeworden. Bei Versicherungen geht es um viel Geld – ein Leben lang. Alles, was mit Geld zu tun hat, ist in einer freien Marktwirtschaft ein gefährlich Ding. Denn unsere soziale Marktwirtschaft hat einen Haken: Wer dumm ist, darf betrogen werden. So arbeiten viele Unternehmen und Institutionen sowie ihre Vertreter und ›Berater‹ nach der Devise: Dummheit ist der billigste Rohstoff, aus dem Geld gemacht werden kann.

Dem Verbraucher hilft gegen diese Strategie nur die eigene Information, so daß für alle Verbraucher eigentlich die Devise umgekehrt heißen sollte: Eigene Information und eigenes Wissen ist der billigste Rohstoff, aus dem Geld gemacht und mit dem viel Geld gespart werden kann.

Was ist eigentlich Geld?

Geld ist vor allem in Papier verpackte Arbeit. Geld ist aber beim Verdienen noch gar nichts wert, sondern es bekommt seinen Wert erst beim Ausgeben oder Anlegen. Das bedeutet: Wer sein Geld nicht ausgibt, hat umsonst gearbeitet. Wer sein Geld falsch ausgibt oder anlegt und dafür keinen angemessenen Gegenwert erhält, hat für andere gearbeitet, die ihn ›legal betrogen‹ haben. Er hat sich ganz oder teilweise zum Sklaven gemacht.

So arbeiten diejenigen, die Ihr Bestes (oft nur Ihr Geld) wollen, nach verschiedenen Devisen: Da gibt es viele Geldhaie unter dem Deckmantel von sogenannten ›Beratern‹ oder ›Vertretern‹, die Ihnen ohne viel Gegenleistung möglichst viel Geld abnehmen wollen. Und da gibt es einige wenige wirkliche Berater, die ihre Dienstleistung anbieten, um für Sie das Beste aus Ihrem Geld zu machen.

Ohne eigene Information werden Sie nie den Unterschied zwischen diesen beiden Kategorien von Beratern erkennen. Leider haben nur wenige Verbraucher überhaupt Lust, sich über Gelddinge oder Versicherungen zu informieren – sehr zur Freude der Geldinstitute und Versicherungsunternehmen und vieler anderer, die hierzulande von der Unwissenheit der Verbraucher in Gelddingen profitieren.

Der Verbraucher muß sich hinsichtlich des Umgangs mit seinem Geld zwischen drei Möglichkeiten entscheiden:

1. Er hat keine Lust, sich zu informieren, bleibt lieber dumm und vertraut anderen sein Geld an, die für sich selbst, aber nicht für ihn das Beste daraus machen.
2. Er informiert sich und gibt anderen sein Geld, damit diese für ihn das Beste daraus machen.
3. Er informiert sich und macht für sich ganz allein das Beste aus seinem Geld.

Welche Geldanlagemöglichkeiten gibt es?

Diesen drei Gruppen von Verbrauchern stehen auch entsprechende Geldanlagemöglichkeiten gegenüber:

1. Sparen für Anfänger und Bequeme (Sparbuch, langfristige Kapital-Lebensversicherungen).

2. Sparen und Geldanlagen für Fortgeschrittene (z. B. Immobilien- oder Investmentfonds, Grundbesitz).
3. Geldanlage für Experten (z. B. Wertpapiere).

Ähnlich abgestuft verläuft auch der Kreislauf von Spargeldern in drei Ebenen. Da geben ahnungslose Verbraucher ihr Geld billig an Banken und Versicherungsunternehmen, diese geben es – mit Gewinn – weiter an Dritte und Unternehmen, die es wiederum gewinnbringend anlegen – oftmals gar nicht investieren. So exportierten im Jahre 1985 meistens sogenannte Produktions- und Dienstleistungsunternehmen etwa 50 Milliarden DM mit Supergewinnen ins Ausland – Geld, das hierzulande für Investitionen nicht mehr zur Verfügung steht. Möglich ist das alles nur, solange sich die Verbraucher das Geld so billig abnehmen lassen.

Dabei könnte sich praktisch jeder Bürger über Immobilien- oder Investmentfonds (auch in einer Art von Dauersparen) mit geringen Beträgen an der Wertentwicklung von Grundbesitz oder an den Gewinnen der Wirtschaft indirekt beteiligen und bleibt ›flüssig‹, weil Fondsanteile jederzeit wieder verkauft werden können. Unverständlich also, warum die Verbraucher diese Möglichkeit kaum nutzen. So schrieb *Die Zeit* am 17. April 1986: »Die Manager der deutschen Aktienfonds stehen vor einem Rätsel: Da legen viele Investmentfonds nun schon seit über 3 Jahren Spitzenergebnisse vor, und dennoch zeigen ihnen die deutschen Sparer die kalte Schulter. Die Fondsmanager streuen durch den Kauf von Aktien aus verschiedenen Unternehmen das Risiko. Zum anderen muß man nicht 500, 1000 oder noch mehr DM ausgeben. Einen Anteil an einem der erfolgreichsten Fonds können Sparer schon für 60 DM kaufen. Der Wert des Anteils stieg im ersten Quartal 1986 um fast 16 Prozent.«

Und die *Wirtschaftswoche* schrieb im Mai 1986: »Eigentlich können sich Banken und Versicherungen freuen. Denn Deutschlands Sparer interessieren sich nur für die Angebote dieser beiden Anbietergruppen. Daß es jedoch eine Alternative gibt, die deutlich zweistellige Renditen verheißt, entgeht den meisten. Deutsche Investmentfonds offerieren ebenfalls die Möglichkeit, mit 100 DM im Monat ein kleines Vermögen aufzubauen. Und die Ergebnisse sprechen für sich: Der beste Sparplan, der Adiverba, erzielte in 5 Jahren eine Traumrendite von 37,64 Prozent pro Jahr. So bieten die 20 besten Fonds selbst über eine Laufzeit von 15 Jahren Renditen von weit über 11 Prozent. Die meisten Erträge sind steuerfrei: Von den Wertsteigerungen entfällt nur ein Bruchteil auf Ausschüttungen von Zinsen und Dividenden. Der Fonds lebt vielmehr von steuerfrei realisierten Kursgewinnen.«

Im Oktober 1985 war in der *Wirtschaftswoche* zu lesen: »Deutsche Lebensversicherer verkünden stolz, sie würden das eingezahlte Kapital ihrer Kunden in 24 Jahren verdoppeln. Über solche Ergebnisse können Investmentmanager nur schmunzeln: Sparer, die vor 20 Jahren 1000 DM investierten, haben heute einen Wert von 9319 DM zu Buche stehen (Rendite ca. 12 Prozent). Bei der Wahl des richtigen Fonds ist es derzeit nicht schwer, sein Kapital in weniger als 5 Jahren zu verdoppeln (Rendite ca. 14 Prozent).«

Wer sein Geld nicht auf Sparbüchern oder Kapital-Lebensversicherungen verkümmern lassen will, sollte vielleicht einmal probeweise die Zeitschriften wie *Capital* oder die *Wirtschaftswoche* abonnieren und gelegentlich auch einmal eine Wirtschaftszeitung lesen. Auskünfte über Fonds erteilen auch die Geldanlageberater der Banken, bei denen man allerdings etwas bohren muß. Sonst verkaufen diese Ihnen z. B. wieder eine Geldanlage für Anfänger oder Ahnungslose – einen unrentablen *Sparplan mit Versicherungsschutz*.

Einen großen (Informations-)Aufwand erfordert das hobbyhafte oder professionelle Spekulieren z. B. mit Wertpapieren. Doch auch hier gibt es von Geldanlageberatern bei Banken (wenn man ein interessanter Kunde ist) gelegentlich auch Tips für gute und sichere Gewinne. Ansonsten kommt man nicht ohne das ständige Lesen mehrerer Wirtschaftszeitungen oder von Spezial-Informationsdiensten aus.

Worum sich eigentlich jeder bemühen sollte, ist eine eigene und vor allen Dingen schuldenfreie Wohnung im Alter. Das muß nicht unbedingt das große Haus sein, in dem man mit den Kindern gelebt hat. Das kann auch eine ›gebrauchte‹ Eigentumswohnung in einer guten Lage sein, die man beizeiten – auch als Hauseigentümer – kauft und noch abvermietet (das bringt Steuervorteile). Im Alter hat man als Inhaber einer schön gelegenen Eigentumswohnung weniger Kosten und weniger Arbeit und ist vermutlich in bezug auf Reisen auch flexibler.

Die Deutschen stehen mit einer Wohnungseigentums-Quote von etwa 40 Prozent am Ende der Skala aller westlichen Länder. Weitere 40 Prozent – also insgesamt 80 Prozent – der Bundesbürger möchten aber in eigenen vier Wänden leben. Sie kommen oft nicht zur Erfüllung dieses Wunsches, weil ihnen Geldhaie beizeiten und oft langfristig das Geld abnehmen, welches dann im richtigen Zeitpunkt als Eigenkapital fehlt (10 bis 20 Prozent des Kaufpreises einer Wohnung sind im allgemeinen erforderlich). Diese Verbraucher, die vor allem auch durch die Einwirkung der Inflation viel Geld verlieren, bleiben ihr Leben lang Mieter – auch im Rentenalter. Dabei ist der Besitz einer eigenen schuldenfreien Wohnung die sicherste Form einer zusätzlichen *Altersversorgung;* denn die Miete, die man dann als Wohnungseigentümer nicht mehr zu zahlen braucht, gleicht in etwa den Einkommensverlust aus, den man als Rentner gegenüber seinem früheren Nettoeinkommen hinnehmen muß.

Das Haus, 8/86: »Mehr Geld für die Mieten – Mietausgaben belasten die Einkommen immer stärker. Rentner sind davon besonders betroffen. Der Wunsch, in den eigenen vier Wänden zu wohnen, wird daher zusätzlich dadurch gefördert, daß man sich im Alter von solchen Belastungen frei halten will.«

Staatssekretär Häfele in *Versicherungswirtschaft*, 13/86: »Man muß die eigene Wohnung oder das eigene Haus immer mehr als Bestandteil der Lebensvorsorge sehen. Wenn jemandem die Rente nicht reicht, dann ist es keine Schande zu fragen, warum soll ich das Wohneigentum vererben. Ich nutze das selbst. Ich veräußere das Eigentum. Der Erwerber soll mir jeden Monat dafür bezahlen. Ich war kürzlich in England, um mich zu informieren. Dort hat man eine Wohneigentumsquote von 62 Prozent. In England steht der Gedanke der Lebensvorsorge ganz stark im Vordergrund. Wir streben eine Quote von etwa 50 Prozent an. Die Bürger müssen entscheiden.«

Ein Hinweis: Am günstigsten ist es (aus steuerlichen Gründen), ›gebrauchte‹ Eigentumswohnungen unrenoviert zu kaufen und diese dann im Lauf der Zeit selbst instand zu setzen – möglichst in Ruhe, ohne Einschaltung eines Maklers und ohne sonstige Vermittler.

Altersversorgung

Altersversorgung ist ein Geldanlageproblem, hat also nichts – wie fast alle Menschen glauben – mit Versicherung und schon gar nichts mit der Kapital-Lebensversicherung zu tun.

Die einzige Versicherungsart, die für die Altersversorgung eine Rolle spielt, ist die Berufsunfähigkeitsversicherung, die das Ansparen für das Alter absichert für den Fall, daß man durch Berufsunfähigkeit kein Einkommen mehr erarbeiten kann. Ansonsten kommen alle oben – beispielhaft – genannten Geldanlagemöglichkeiten als Instrument für eine zusätzliche Altersversorgung in Frage.

So war im Jahre 1986 auch in dem Verbrauchermagazin *DM* zu lesen: »Lösen Sie sich von dem Gedanken, Altersvorsorge funktioniere nur mit Versicherungen. Meiden Sie langlaufende Kapital-Lebensversicherungen.«

Wiederanlage von Ablaufleistungen aus der Lebensversicherung

Die Gesellschaften gehen vermehrt dazu über, bei Ablauf von Lebensversicherungen zu versuchen, das Geld ihrer Kunden im Hause zu behalten.

So schreibt z. B. eine Gesellschaft einem Lebensversicherten, dessen Vertrag abläuft:

»Sie erhalten ein Rentenangebot für die Ablaufleistung der Lebensversicherung. Per 1. 3. 19.. kommt ein Betrag von 101 669,20 DM zur Auszahlung. Mit diesem Betrag könnte eine Rente von monatlich 626,00 DM versichert werden. Die Rente wird solange gezahlt, wie Sie die Zahlungstermine erleben, mindestens jedoch 10 Jahre lang (Rentengarantie).«

Diese Rente entspricht dem Ertrag einer Anlage zu 7,4 Prozent Zinsen. So schreibt denn auch der Betroffene: »Bei der Verrentung fällt auf, daß die Beträge auch bei Erhalt des Kapitals erreicht werden können, wenn die Versicherungssumme geschickt angelegt wird. Wieso die Versicherung den Restbetrag behalten kann, falls ich vorzeitig sterbe und meine Frau die Rentengarantiezeit überlebt, ist unverständlich.«

Ein weiteres Instrument, um weiterhin am Geld der Lebensversicherten zu verdienen, ist die Gründung eigener Fonds durch Versicherungsgesellschaften und eine verstärkte Werbung der Versicherungsvertreter für eine Wiederanlage ausgezahlter Summen in diesen firmeneigenen Fonds. Die *Wirtschaftswoche* schrieb hierzu: »Versicherungsfonds – Ein ergiebiges Geschäft – Fonds für ablaufende Lebensversicherungen werden zu einem wachsenden Geschäft. Doch die Renditen sind vielfach bescheiden. Der schwächste Fonds bleibt mit 4,5 Prozent hinter der Rendite einer Lebensversicherung zurück. Wer keinen Fonds will, dem dienen die Lebensversicherer mit einem ureigenen Produkt: mit einer Versicherung. Sie animieren nämlich die nicht mehr ganz jungen Empfänger des Geldes zum Abschluß einer Pflegerentenversicherung.«

assekuranz report, 13. 2. 1986: »Man begreift schon, warum die Lebensversicherer mit ihren Fonds nicht gerade auf Höchstrenditen aus sind. Sie haben wenig Interesse daran, ihren Kunden zu demonstrieren, daß es mit der Rendite der Kapitalversicherung nicht weit her ist.« – Also heißt auch hier die bessere Alternative: Do it yourself – das Geld selbst und besser anlegen.

Sonstige Hinweise

Zahlungsschwierigkeiten

Wer seine Kapital-Lebensversicherung beibehalten will, aber in Zahlungsschwierigkeiten gerät, kann sich den Beitrag stunden lassen, den Vertrag zur Beitragszahlung beleihen oder die Beiträge herabsetzen lassen durch Verlängerung der Vertragsdauer oder Herabsetzung der Versicherungssumme. Der Beitrag kann auch aus den bisher angefallenen Überschüssen finanziert werden. Für die Dauer von ein bis zwei Jahren ist die Umstellung auf einen reinen Risikobeitrag möglich. Die gestundeten Beiträge müssen aber – einschließlich Zinsen – später nachentrichtet werden. Für von der Versicherungspflicht befreite Angestellte zahlt während einer Arbeitslosigkeit die Bundesversicherungsanstalt für Arbeit Beiträge zu sogenannten ›befreienden Lebensversicherungen‹ weiter.

Policendarlehen

Sie können Ihre Kapital-Lebensversicherung beleihen, weil sie zu einem Großteil Ihre Sparbeiträge enthält. Diese Beleihung ist jedoch nur möglich bis zur Höhe des jeweiligen Deckungskapitals (etwa der Rückkaufswert), das die Gesellschaft aus Ihren Sparbeiträgen für eine Rückzahlung an Sie gebildet hat.

Das Policendarlehen kostet Sie – zusätzlich zu den laufenden Beiträgen – Zinsen, die etwa dem Kapitalmarktzins für dinglich gesicherte Darlehen entsprechen.

Was ist während der Laufzeit von Lebensversicherungen zu beachten?

Überprüfen Sie regelmäßig, ob Sie für Ihre Familie einen ausreichenden Lebensversicherungsschutz besitzen. Gegebenenfalls sollten Sie weitere Berufsunfähigkeits- und Risiko-Lebensversicherungen abschließen. Überprüfen Sie regelmäßig, ob die Beiträge zu Kapital-Lebensversicherungen noch in den Rahmen der voll abzugsfähigen Sonderausgaben passen. Ist dies nicht der Fall, lassen Sie die Versicherungssumme und den Beitrag entsprechend herabsetzen. Überprüfen Sie das Bezugsrecht. Das ist die Vereinbarung, wem das Geld aus der Lebensversicherung ausgezahlt werden soll – erstens: im Erlebensfall, zweitens: im Todesfall.

Lebensversicherungen und Steuern

Nach § 10 des Einkommensteuergesetzes können folgende Aufwendungen als Sonderausgaben vom Einkommen abgezogen werden, wenn sie weder Betriebsausgaben noch Werbungskosten sind:

1. Beiträge zu Kranken-, Unfall- und Haftpflichtversicherungen, zu den gesetzlichen Rentenversicherungen und an die Bundesanstalt für Arbeit.
2. Beiträge zu den folgenden Versicherungen auf den Erlebens- oder Todesfall:
   a) Risikoversicherungen, die für den Todesfall eine Leistung vorsehen,
   b) Rentenversicherungen ohne Kapitalwahlrecht,

c) Rentenversicherungen mit Kapitalwahlrecht gegen laufende Beitragsleistung, wenn das Kapitalwahlrecht nicht vor Ablauf von 12 Jahren seit Vertragsabschluß ausgeübt werden kann,
d) Kapitalversicherungen gegen laufende Beitragsleistungen mit Sparanteil, wenn der Vertrag für die Dauer von mindestens 12 Jahren abgeschlossen worden ist.

Das heißt: Wenn zum Beispiel ein Jahresbeitrag von 400 DM für eine Risiko-Lebensversicherung noch in den Rahmen Ihrer Sonderausgaben paßt und Sie dadurch eine Steuerersparnis von 25 Prozent erzielen, kostet Sie diese Versicherung tatsächlich nur 300 DM. Beiträge zu fondsgebundenen Lebensversicherungen werden als Sonderausgaben nicht anerkannt. Dagegen erhält man die gleichen Steuervergünstigungen wie zu den genannten Versicherungsbeiträgen auch für Beiträge an Bausparkassen zur Erlangung von Baudarlehen.

Auszahlung bei Lebensversicherungen

Niemand kann bei Auszahlungen und Abrechnungen zu Lebensversicherungen überprüfen – außer das Bundesaufsichtsamt für das Versicherungswesen (Postf. 150180, 1000 Berlin 15.)

Helfer bei Versicherungsproblemen

Dieses Buch enthält viele Informationen. Diese können verständlicherweise nicht alle Fragen einzelner Verbraucher beantworten – oder nicht ausführlich genug. Deshalb die folgenden Hinweise, die den Versicherten helfen können, die ungelöste Versicherungsprobleme haben:

Es gibt *gerichtlich zugelassene Versicherungsberater,* die gegen Honorar unabhängigen Rat erteilen, also keine Versicherungen vermitteln. Es gibt leider nur ganz wenige, die in der Regel nur für Firmen und Betriebe, aber auch für Privatpersonen tätig werden. Auskunft erteilt die ›Arbeitsgemeinschaft Deutscher Versicherungsberater‹, Postfach 1113, 8433 Parsberg, Telefon 09492/255. Sie finden möglicherweise eine Adresse in Ihrem Branchenfernsprechbuch unter ›Versicherungsberater‹. Aber Vorsicht: Auch Versicherungsvertreter geben sich gerne als Versicherungsberater aus, was strafbar ist.

Es gibt in vielen Großstädten *Geschäftsstellen* der in diesem Buch aufgeführten günstigen Versicherungsunternehmen, die – neben den Zentralen – fachmännische Auskünfte erteilen. Adressen und Telefonnummern finden Sie in den ›Gelben Seiten‹ Ihres Branchen-Fernsprechbuches. Oder schreiben Sie ganz einfach an die Zentrale, die Ihnen die nächstgelegene Kontaktstelle nennt.

Es gibt *Verbraucherzentralen und -beratungsstellen,* die in einigen Fällen vielleicht weiterhelfen können und die weitgehend kostenlose Rechtsberatungen durchführen.

Die Verbraucherzentralen Hamburg, Bremen, Niedersachsen, Saarland und Baden-Württemberg haben Ende 1986 ein vom Bund der Versicherten entwickeltes Beratungsprogramm eingeführt, dessen Kernstück die Broschüre ›Wie man sich richtig versichert‹ ist. Die Broschüre liefert Ihnen allgemeine Informationen und enthält einen Fragebogen, den Sie an eine der genannten Verbraucherorganisationen einsenden können. Sie erhalten dann – per Computer – einen ausführlichen Informationsbrief, der konkrete Hinweise enthält,

- welche Ihrer Versicherungen zu teuer, falsch und unwichtig sind
- wie Sie aus falschen und zu teuren Versicherungen herauskommen
- wie und wo Sie sich besser versichern können (mit jeweils aktuellen Beitragsbeispielen und Adressen günstiger Unternehmen)
- welche Versorgungslücken bei Ihnen möglicherweise bestehen (mit einer annäherungsweisen Rentenberechnung)

Die Broschüre können Sie gegen Vorauszahlung von 1 DM Schutzgebühr zuzüglich 1,50 DM Versandkosten bei den genannten Verbraucherzentralen bestellen oder beim Bund der Versicherten (Postfach 760204, 2000 Hamburg 76).

Der Bund der Versicherten (BdV) wurde im Jahre 1982 gegründet und hat in fünf Jahren über 8000 Mitglieder gewonnen. Dieser als gemeinnützig anerkannte Verein hat vor allem durch seine Informations- und Öffentlichkeitsarbeit schon einige Verbesserungen im Versicherungswesen für die Verbraucher erreicht. Bereits im Jahr seiner Gründung erhielt der BdV den ›Verbraucherpreis 1982‹. Mitglieder erhalten kostenlos umfangreiche schriftliche Informationen und haben Anspruch auf kostenlose schriftliche oder telefonische Beratung durch einen gerichtlich zugelassenen Versicherungsberater (Jahresbeitrag 60 DM, für junge Leute 30 DM).

Was der Bund der Versicherten für die privaten Haushalte, ist der Bund Versicherter Unternehmer für die Betriebe (Postfach 1113, 8433 Parsberg, Telefon 09492/255).

Sie können sich auch vom *Vertreter* einer großen, teuren Versicherungsgesellschaft Auskünfte holen – aber möglichst nur telefonisch. Geben Sie nicht Ihre Adresse an, sonst steht wenig später der Vertreter oder ein Inspektor der Gesellschaft auf Ihrer Matte. Sie können auch die Besonderheiten unseres Vertreter- und Provisionssystems ausnutzen und sich von dem Vertreter einer teuren Versicherungsgesellschaft kostenlos und unverbindlich Ihre Rentenansprüche berechnen lassen. Aber da müssen Sie wirklich schon starke Abwehrkräfte für Vertretersprüche besitzen, sonst sind Sie am Ende rundum falsch und zu teuer versichert.

Wegen der Rentenberatung wenden Sie sich besser an einen gerichtlich zugelassenen *Rentenberater* (siehe Branchenfernsprechbuch ›Gelbe Seiten‹).

Es entstehen derzeit Verbände von Vermittlern, die nicht an nur ein Versicherungsunternehmen gebunden sind. So gründeten unabhängige Versicherungsvermittler im Jahre 1985 den ›Verband Verbraucherorientierter Vermittler‹ (VVV), dessen Ziel es ist, auf mehr Wissen der Verbraucher, auf mehr Transparenz und bedarfsgerechte Angebote im Versicherungswesen hinzuwirken. Die Verbandsmitglieder, die Versicherungsverträge an die jeweils günstigen Unternehmen vermitteln können, wollen ihren Kunden eine bedarfsgerechte Beratung und Versicherungsvermittlung garantieren, indem sie ihre Dienstleistungen nach ihrer Satzung »in einer für beide Seiten jederzeit nachvollziehbaren Form« erbringen und sich »zum Schadensersatz verpflichten bei einer Vertragsvermittlung, die offenkundig nicht bedarfsgerecht oder offenkundig ungünstig war«. Die Adressen der Mitglieder dieses Verbandes und anderer verbraucherorientierter Vermittler erfahren Sie über den Bund der Versicherten gegen Einsendung eines als Drucksache frankierten Freiumschlages (Postfach 760204, 2000 Hamburg 76 – Telefon 040/2298422).

Und dann gibt es noch das *Bundesaufsichtsamt für das Versicherungswesen* (Ludwigkirchplatz 3, 1000 Berlin 15). Diese Behörde wurde zur Jahrhundertwende installiert, weil unser Versicherungswesen so (un-)geregelt ist, daß die Gesellschaften mit den ihnen anvertrauten Beiträgen machen können, was sie wollen – das heißt: dem Geld der Versicherten beliebig viele Kosten und Gewinne entnehmen können, bevor sie es für Versicherungsleistungen verwenden. Weil diese Kosten und Gewinne für die Dienstleistungen der Unternehmen nicht auf einen bestimmten Teil des Beitrages festgelegt sind, weiß niemand, wie groß der Anteil des Geldes ist, das die Versicherten für den Ausgleich von Schäden bereitstellen. Deshalb kann auch niemand sagen, wem die unverbrauchten Beiträge gehören, die bei den Unternehmen immerhin mit 500 Milliarden DM zu Buche stehen.

Um zu verhindern, daß die Versicherungsgesellschaften zuviel des ihnen anvertrauten Geldes als Kosten verschwenden oder sich ungerechtfertigt durch zu hohe Gewinnentnahmen bereichern, wurde einst die Versichertenschutzbehörde ins Leben gerufen, die hier kontrollierend und regulierend wirken sollte. Leider hat sich das Aufsichtsamt aber zu einer Unternehmensschutzbehörde umfunktionieren lassen; denn das Amt sieht es jetzt als seine vorrangige Aufgabe an sicherzustellen, daß die Gesellschaften immer mehr als ausreichende Prämieneinnahmen haben, damit sie – trotz Kostenverschwendungen und hoher Gewinnentnahmen – niemals pleite gehen können.

Capital 11/85: »Wie der Staat Mißstände bei Versicherungen duldet – Ihrem Gesetzauftrag, die dauernde Erfüllbarkeit der Verträge zu sichern, kommt die deutsche Versicherungsaufsicht in einer Art und Weise nach, die den Verbraucher verblüffen muß. Zu den Pflichten des Amtes gehört ohne Zweifel, die Versicherungsunternehmen anzuhalten, ihre Vertriebskosten nicht zu überziehen. Doch was einige Bilanzen ausweisen, läßt daran zweifeln, ob im Aufsichtsamt die Rechnungswerke überhaupt analysiert werden. Solche amtliche Fürsorge für Gewinne ist höchst merkwürdig in einem marktwirtschaftlichen System. Der Staat verordnet einem großen Gewerbezweig für zwei Drittel seines Geschäfts Gewinnmargen, wie sie im freien Wettbewerb niemals zu erwirtschaften wären. Die Kurse der Versicherungsaktien kletterten in schwindelnde Höhen.« (Beispiele für laufende Aktionärsrenditen von 30 Prozent pro Jahr wurden in diesem Buch bereits genannt.) Der Bund der Versicherten zählte im März 1986 in seinem Mitteilungsblatt 13 Versicherungsunternehmen auf, die im Jahre 1985 ihre Aktienkurse verdoppelt bis verfünffacht haben.

Auch Professor Siegfried Klaue vom Bundeskartellamt kritisiert seit einiger Zeit das Bundesaufsichtsamt und wirft ihm vor, »mehr als kollegial mit der Branche umzugehen, die es zu überwachen hat«. Zusammen mit der Kritik des Bundes der Versicherten und einer immer mehr aufkommenden Kritik in den Medien fragte sich der Leiter der für Lebensversicherung zuständigen Abteilung im Bundesaufsichtsamt Ende 1985, »warum eine ein Jahrhundert lang geübte Praxis plötzlich so in Frage gestellt wird, daß man sich schließlich gezwungen sieht, eine grundlegende Änderung vorzunehmen«.

Die Antwort auf diese Frage gibt die *Wirtschaftswoche* vom 17. 1. 1986: »Jahrzehntelang bestand ein friedliches Einvernehmen zwischen dem Bundesaufsichtsamt und den deutschen Lebensversicherungsunternehmen. Doch der öffentliche Druck hat wohl das Bundesfinanzministerium in Bonn als vorgesetzte Behörde bewogen, dieser Eintracht ein Ende zu bereiten.«

Der eben zitierte Aufsichtsbeamte sieht sich auch gezwungen zuzugeben: »Die Kritik an der Lebensversicherung ist nicht ganz unberechtigt. Der Unmut über die niedrigen Rückkaufswerte ist ja gerade deshalb berechtigt, weil es eben keine zwingende Begründung für die jetzige Regelung gibt.« – Eine späte Erkenntnis im Jahre 1985 – zu spät für die Millionen, die Jahr für Jahr Milliarden DM verloren haben. So haben nach einer Untersuchung der Vereinigten Wirtschaftsdienste im Jahre 1984 etwa zwei Millionen Bundesbürger – meist in Notlagen – ihre Kapital-Lebensversicherungen vorzeitig aufgehoben und den ›gigantischen Verlust‹ von mehr als 10 Milliarden DM erlitten – bei etwa 15 Milliarden DM eingezahlten Beiträgen.

Aufgeschreckt von derart massiv niederprasselnder Kritik, von den Riesenverlusten der Versicherten und den entsprechenden Riesengewinnen der Unternehmen, blieb dem Bundesaufsichtsamt nichts anderes übrig, als endlich auf Veränderungen hinzuwirken – allerdings recht zögernd; denn diese Behörde steht mit dem Rücken an der Wand: alle künftigen Verbesserungen sind eindeutiger Beweis dafür, wie sehr die Versicherten in der Vergangenheit unter Staatsaufsicht ›legal betrogen‹ worden sind.

Wie wenig verbraucherorientiert das Bundesaufsichtsamt ist, sollen nur ein paar Beispiele belegen: Das Amt läßt zu, daß Prämien (die der Verbraucher ja nicht bewerten kann) völlig überkalkuliert sind. So zahlen viele Unternehmen in der Unfallversicherung nur jede 4. DM, in der Insassenunfallversicherung sogar nur jede 6. DM für wirkliche Versicherungsleistungen aus. Das Amt läßt unvorstellbare Kostenverschwendungen zu – wie im Bereich der Lebensversicherung (einem einfachen Sparvorgang), wo im Durchschnitt jede 4. DM für Kosten draufgeht, bei etlichen Unternehmen sogar mehr als die Hälfte der Beitragseinnahmen.

Damit aber noch nicht genug: Das Aufsichtsamt hat nichts gegen die langfristige Bindung der Versicherten an die viel zu teuren Verträge unternommen. Im Gegenteil: Es hat den Gesellschaften inzwischen zu fast allen Versicherungsarten sogenannte Prämienanpassungsklauseln genehmigt, die es den

Unternehmen ermöglichen, ihre Prämien (und damit auch ihre Kosten) ständig und einseitig zu erhöhen, während die Versicherten an die langfristigen Verträge geknebelt sind. Angemessene Beitragsrückerstattungen oder Ausschüttungen von Überschüssen, die aus Versicherungsgeld entstanden sind, hat das Amt in den vergangenen Jahren nicht durchgesetzt. Es meinte – ganz im Sinne der Unternehmen und ihrer Lobby –, dazu fehlten ihm die Mittel.

Auch um sinnvolle Informationen der Verbraucher hat sich das Aufsichtsamt nicht gekümmert – Beispiel aus dem Jahre 1986: Das Amt legt einen Muster-Geschäftsplan für Lebensversicherungsunternehmen vor und verlangt – trotz massiver Kritik – weiterhin nur, daß die Gesellschaften den Versicherten erst mit Übersendung der Police über die Rückkaufswerte und damit über die hohen Verluste bei vorzeitiger Vertragsaufhebung aufklären. Jedem normaldenkenden Menschen leuchtet dagegen ein, daß solche Informationen bei Antragsstellung auf den Tisch gehören; denn bei Erhalt der Police ist alles zu spät, ist der Vertrag bereits geschlossen.

Im Jahre 1988 hatte der Präsident des Aufsichtsamtes dem Deutschen Herold eine Konzernumbildung genehmigt, bei der die Lebensversicherten Ansprüche auf etwa 350 Millionen DM verloren hätten. Nur ein Widerspruch des Bundes der Versicherten und eine Entscheidung der Beschlußkammer des Aufsichtsamtes hat dieses verhindert und den Versicherten die Ansprüche erhalten.

Kein Wunder, daß viele Verbraucher empört sind über das Versagen dieser Behörde, die aber jederzeit und gerne sowohl von Politikern, von Gesellschaften und Vertretern als Alibi für die Staatsaufsicht einer von allen Seiten kritisierten Branche vorgeschoben wird.

Bei diesem Aufsichtsamt können sich die Versicherten über das Geschäftsgebaren von Versicherungsgesellschaften beschweren. Sie sollten sich davon allerdings nicht zuviel versprechen.

Das läßt ein Branchenwitz erkennen: »Was ist der Unterschied zwischen dem Aufsichtsamt und einer Hundehütte?« – Antwort: »Die Hütte ist für den Hund, das Aufsichtsamt für die Katz!« – Dem Ansehen dieser Behörde war sicher nicht zuträglich, daß ihr ehemaliger Präsident im Sommer 1981 als Generaldirektor zur sogenannten Versicherungswirtschaft überwechselte und daß Anfang 1982 sein Nachfolger Verkaufshilfen für die von ihm beaufsichtigten Unternehmen lieferte, indem er den Bundesbürgern den Abschluß von Lebensversicherungen zur Altersversorgung empfohlen hat.

Es wurde in dem Kapitel ›Lebensversicherung‹ (Seite 86) bereits die Kritik in einem Regierungsgutachten an der Aufsichtsbehörde wiedergegeben. Nachdem ihr jetziger Präsident nach seinem Amtsantritt zunächst meinte, alles von den Gesellschaften verwaltete Geld gehöre diesen auch, sei also deren uneingeschränktes Eigentum, hat er im Jahre 1982 die Unternehmen aufgeschreckt mit dem Ruf »Hände weg von den Überschüssen«, die in der Lebensversicherung nun plötzlich den Versicherten gehören sollen. Es wird wohl noch eine Weile dauern, bis im Aufsichtsamt und anderen verantwortlichen Stellen die unterschiedlichsten Meinungen endlich einmal geprüft, geordnet und sortiert werden. Immerhin geht es um ein Vermögen mit einem Schätzwert von 600 Milliarden DM, das sich aus unverbrauchten Beiträgen, ihren Überschüssen und ›stillen Reserven‹ angesammelt hat.

Nachstehend einige Auszüge aus Schreiben des Bundesaufsichtsamtes, welche die Tätigkeiten dieser Behörde beschreiben: »Ich weise darauf hin, daß das Bundesaufsichtsamt in erster Linie den Geschäftsbetrieb der Versicherungsunternehmen zu überwachen hat. Im Interesse der Versicherten und geschädigter Dritter hat das Amt dabei besonders darauf zu achten, daß die Versicherungsbedingungen und – soweit genehmigungspflichtig – die Tarife, die Satzungen und Unternehmen, die einschlägigen gesetzlichen Vorschriften und die aufsichtsbehördlichen Anordnungen eingehalten werden. Das

Bundesaufsichtsamt ist eine Verwaltungsbehörde. Es ist daher nicht befugt, über Streitfälle zu entscheiden, die aus einzelnen Versicherungsverträgen oder Schäden entstehen. Hierfür sind allein die Gerichte zuständig.« »Das Aufsichtsamt ist nicht befugt, mit Versicherungsunternehmern allgemeine oder theoretische Rechtsfragen zu erörtern.« »Zu Ihrer Eingabe bemerke ich, daß der Geschäftsplan das Innenverhältnis zwischen Versicherungsunternehmen und Bundesaufsichtsamt regelt und es nicht üblich ist, Dritten gegenüber Einzelheiten daraus mitzuteilen.« »Der Vorstand des Versicherungsunternehmens hat sich auf mein Ersuchen zu Ihrer Eingabe geäußert. Eine Kopie der Stellungnahme ist beigefügt. Um Wiederholungen zu vermeiden, verweise ich auf die Ausführungen des Unternehmens. Aufgrund Ihrer Darlegungen und der Ausführungen des Unternehmens habe ich die Angelegenheit geprüft. Einen Verstoß des Versicherers gegen den vereinbarten Vertragsinhalt habe ich nicht feststellen können.« – Fazit: Das Aufsichtsamt prüft nur, ob die Unternehmen nach den Geschäftsplänen und Anordnungen gehandelt haben, die das Amt ihnen zuvor genehmigt hat. Es prüft aber nie, ob diese Geschäftspläne und Anordnungen mit der allgemeinen Rechtsauffassung und unserem Wirtschaftssystem übereinstimmen.

Das merkwürdige Verständnis der Aufsichtsbeamten von ihrer Aufgabe sollte Sie aber nicht davon abhalten, es im Falle eines Falles doch einmal mit dieser Behörde zu versuchen.

Sie können außerdem von den *Verbänden der Versicherungsunternehmen* (Anschriften Seite 217) allgemeines Informationsmaterial anfordern. Doch sind diese Informationen mit großer Vorsicht zu genießen. So ist zum Beispiel in der *Broschüre ›Versicherungen im Klipp & Klar-Text‹* des Gesamtverbandes der Deutschen Versicherungswirtschaft (Ebertplatz 1, 5000 Köln 1) kaum die Rede von der so wichtigen Risiko-Lebensversicherung oder von der Berufsunfähigkeitsversicherung. Dafür wird aber die unsinnige ›Lebensversicherung zur zusätzlichen Altersversorgung‹ als ›wichtige Entscheidung‹ und als eine ›ertragreiche Vermögensbildung für Ihr Alter‹ gepriesen, was für den Verbraucher irreführend ist.

Dem Leser der Klipp & Klar-Texte wird erklärt, das in eine Lebensversicherung eingezahlte Geld werde rationell und sparsam verwaltet. Dagegen hat die Bundesregierung im Jahre 1982 festgestellt, daß viele Lebensversicherungsunternehmen unrationell arbeiten und dann ihre Verluste »voll zu Lasten der Versicherten saldieren können« – das heißt: Bei Kostenüberschreitungen greifen solche Unternehmen in den Topf mit dem Geld der Versicherten und holen sich daraus das nötige Geld zum Ausgleich ihrer Verluste und sogar noch für Gewinne sowie zur Finanzierung ihres Eigenkapitals.

Weist man allerdings Versicherungsvorstände und Aufsichtsbehörde auf diesen Vorgang hin, der Züge einer Veruntreuung trägt, dann wird einem erwidert, alles Geld gehöre den Versicherungsgesellschaften – was dann wieder nicht mit den oben zitierten Klipp & Klar-Texten übereinstimmt oder mit der Werbung der größten Gesellschaft: »Sie brauchen sich um die Sicherheit Ihres Geldes keine Sorgen zu machen.«

Staatsanwaltschaften, die der Bund der Versicherten hier bereits eingeschaltet hat, drehen sich im Kreise. Die Werbung mit der treuhänderischen Verwaltung soll nicht irreführend sein, der Griff vieler Gesellschaften in das Treuhandgeld bei Kostenüberschreitungen aber auch keine Veruntreuung. Begründung: Die Manager seien der Meinung, sie dürften beliebig über das Geld der Versicherten verfügen. Also: Selbst bei Vorliegen einer Veruntreuung würde es am Vorsatz und Unrechtsbewußtsein fehlen nach dem Filmtitel ›Denn sie wissen nicht, was sie tun‹.

Sie sehen: Mit brauchbaren Informationen über Versicherungen ist das schon so eine Sache – vor allem, wenn sich noch nicht einmal Versicherungsvorstände, Regierung, Versicherungsaufsicht, Wissenschaftler und Staatsanwaltschaften darüber einig sind, wem eigentlich die 500 Milliarden DM Versicherungsgelder gehören.

Wer sich jedoch durch das Lesen dieses Buches gegen weitere Täuschungsmanöver gewappnet hat, kann sich durch das Bestellen der oben genannten Broschüre ›Versicherungen im Klipp & Klar-Text‹ über folgende darin erläuterten Versicherungen informieren: Lebens-, Kranken-, Unfall-, Kraftfahrt-, Haftpflicht-, Hausrat- und Wohngebäudeversicherung sowie über unwichtige Versicherungen wie Rechtsschutz-, Verkehrs-Service- und Reisegepäckversicherung – leider nur wenig über die wichtigsten wie Risiko-Lebens- und Berufsunfähigkeitsversicherungen, schon gar nicht darüber, was Versicherungen kosten und wie man die Versicherungssumme ermittelt. Dazu heißt es: Wenden Sie sich an den Vertreter! – Und gerade das sollten Sie ja nicht tun!

Schlußbemerkungen

Die Atmosphäre, die zur Zeit im Bereich des Versicherungswesens herrscht, beschreiben sehr deutlich Stellungnahmen der Lobby nach dem Urteil über den ›legalen Betrug‹. Obwohl der Kritik durch Zugeständnisse recht gegeben wird, werden die Kritiker beschimpft und diffamiert. Ein Generaldirektor bezeichnete die Vorsitzende Richterin des Landgerichts Hamburg als ›Emanze‹. Viel Polemik, aber bis heute nicht ein sachlicher Diskussionsbeitrag zu den vielen in diesem Buch angeschnittenen Fragen. Die Branche hat – so *Manager Magazin* 3/84 – »die Angst im Nacken«; denn in den USA ist bereits eine neue Art der Lebensversicherung – genannt: Universal Life – eingeführt, die Versicherung und Sparen trennt und den Versicherten jedes Jahr per Computerauszug informiert, wie hoch der abgebuchte Risikobeitrag ist, wie viele Erträge gutgeschrieben wurden, welche Kosten abgebucht worden sind. Und in Deutschland ist die Deutsche Bank mit einem ›Sparplan mit Versicherungsschutz‹ auf den Markt gekommen, einer Kombination von Sparen und Risikolebensversicherung unter säuberlicher Trennung dieser beiden Vorgänge. Ein zaghafter Versuch, das immer mehr an die Lebensversicherungen verlorene Spargeld der Verbraucher zurückzugewinnen. Das Modell hat noch Schwächen. Doch wird der Wettbewerb auch hier einiges in Bewegung bringen.

Was vor allen Dingen geändert werden muß, ist klar. Professor Krycha in seiner gutachterlichen Stellungnahme: »Es ist zu fordern, daß die interne Kalkulation der Versicherungsprämie (Verwaltungskostenanteil/Risikoanteil/Sparanteil) auch nach außen offengelegt wird, damit der Verbraucher die Leistung eines Versicherungs-Dienstleistungsbetriebes beurteilen kann. Es reicht nicht aus, zwar eine Genehmigung der internen Kalkulation durch das Aufsichtsamt vorzunehmen, ohne dabei die Versicherungsgesellschaften zu verpflichten, diese Kalkulation auch in Form einer Preisangabe offenzulegen und diese auch einzuhalten. Insbesondere muß sichergestellt werden, daß Kostenüberschreitungen nicht zu Lasten der Gelder der Versicherten gehen oder/und Verlust- und Gewinnverschiebungen nicht zu Lasten der Versichertengelder vorgenommen werden.« – So ist die Lösung der Lebensversicherungsprobleme ganz einfach: Aufteilung der Versicherungsprämie in einen Betrag der Versicherten (für die Lebensversicherung und das Sparen) und in einen Preis für die Dienstleistungen der Unternehmen.

Schon in der Begründung zum Entwurf des Versicherungsaufsichtsgesetzes von 1901 hieß es: »Von einem Mißbrauch des Versicherungswesens droht die Gefahr schwerster Schädigung des Volkswohls.« Der Reichskanzler hatte seine Bedenken gegen eine staatliche Aufsicht. Man sollte gegebenenfalls »auf eine amtliche Kontrolle überhaupt verzichten, um nicht durch den Schein einer solchen ein Vertrauen in die Versicherungsgesellschaften zu begründen, für welche eine staatliche Gewähr nicht übernommen werden könnte«.

Der Bund der Versicherten führt einen Musterprozeß um die Kapital-Lebensversicherung gegen den Deutschen Ring (OLG Hamburg). Ein Lebensversicherter hatte nach 13 Jahren bei Ablauf der Versicherung und Zusatzversicherungen kaum mehr Geld zurückerhalten, als er einbezahlt hatte. Der Verein führt gleichzeitig Prozesse beim Bundesverwaltungsgericht und weitere Verfahren gegen Versicherungsunternehmen, die durch raffinierte Tricks Milliarden an Versichertengeld beiseitegeschafft haben oder beiseiteschaffen wollen.

Vermögensgegenstände, die mit Versichertengeld angeschafft worden sind, werden dabei von Lebensversicherungsunternehmen entweder ›unter Wert‹ verkauft – und zwar innerhalb eines Konzerns, so daß irgendwo anders (nur nicht für die Lebensversicherten) ein Gewinn entsteht. Oder die Versicherten werden vor der Veräußerung solcher Werte – bevor also irgendwelche Gewinne entstehen – auf eine neu gegründete Lebensversicherungs-Gesellschaft übertragen, so daß sie an den Gewinnen aus solchen Manipulationen ›bedingungsgemäß‹ nicht beteiligt werden müssen. Der Verlust für die Versicherten: etliche Milliarden DM. Und das Aufsichtsamt schaut nicht nur zu, sondern hat dabei in der Vergangenheit kräftig mitgemischt und derartige Tricks sogar genehmigt.

In der Begründung zum Versicherungsaufsichtsgesetz heißt es weiter: »Die Erfolge der öffentlichen Aufsicht hängen in erster Linie von der richtigen Gestaltung und Tüchtigkeit der Aufsichtsbehörde ab. Würde dagegen die Ausübung der Aufsicht in ungeeignete Hände gelegt, so würden die unleugbar vorhandenen Schattenseiten des Aufsichtssystems mit aller Schärfe in den Vordergrund treten; die Durchführung und Nützlichkeit des Systems würde dann überhaupt in Frage gestellt sein.« – Es ist Zeit, das Versicherungswesen und seine Aufsicht so umzugestalten, daß das ›Volkswohl nicht länger geschädigt‹ wird.

Zum Schluß soll die Lobby zu Worte kommen mit einem typischen Artikel ›Aktenzeichen XY unerhört‹ (*Versicherungswirtschaft,* 13/83): »Das Recht der persönlichen Ehre ist doch wahrhaftig schwer genug attackiert, wenn einer ganzen Branche eine Art von organisiertem Bandenraub vorgeworfen wird. Gerade auch noch einer Branche, die wie keine andere zum sozialen Frieden in unserem Lande beiträgt. Jeder Mitarbeiter der Lebensversicherungsunternehmen kann stolz darauf sein, sich einem hohen sozialen Auftrag verschrieben – und ihn nach besten Kräften erfüllt zu haben. Können 48,5 Millionen Menschen eigentlich so kurzsichtig sein, sozusagen einer staatlich abgesegneten Mafia ins Messer zu laufen? Auch der Staat – besser: der Gesetzgeber – steht ja mit der Formulierung vom ›legalen Betrug‹ in der Schußlinie, er wird eindeutig der Komplizenschaft zu einem anrüchigen Gewerbe bezichtigt. Der Bund der Versicherten wirft dem Staat, hier vertreten durch das Bundesaufsichtsamt, Beihilfe zu einem gigantischen Betrug vor.«

Bleibt am Ende die Frage: Ist das Geschäft mit der Kapital-Lebensversicherung das größte und bestorganisierte Wirtschaftsverbrechen aller Zeiten oder ein humanitäres und karitatives Gewerbe?

Anhang

Was zahle ich im Jahr: jetzt? – künftig?

Was zahle ich im Jahr für die Versorgung im Invaliditätsfall und für die Familienversorgung	**jetzt?**	**künftig?**
Unfallversicherung		
Vers.-Summen: Mann Frau Kind		
Invalidität ______		
Unfalltod ______		
Progression? Ja/Nein	______	______
Berufsunfähigkeitsversicherung		
(Seite 76)	______	______
Versicherte Monatsrente: ______		
zahlbar bis zum Alter: ______		
Risiko-Lebensversicherung		
(Seite 64)	______	______
Versicherungssumme: ______		
Laufzeit bis Alter: ______		
Kapital-Lebensversicherung		
(Seite 86)	______	?????????
Versicherungssummen: ______		
Laufzeiten bis Alter: ______		
Beiträge steuerlich genutzt? Ja/Nein		
Gesamtlaufzeit auf 12 Jahre verkürzen?		
Versicherung beitragsfrei stellen?		
kündigen, Rückkauf + Gewinne verlangen		
______-Versicherung	______	______
______-Versicherung	______	______
______-Versicherung	______	______
Das zahle ich im Jahr:	______	______

Versicherungsbedingungen

Allgemeine Bedingungen für die Risiko-Lebensversicherung

Sehr geehrter Kunde!

Als Versicherungsnehmer sind Sie unser Vertragspartner; für unser Vertragsverhältnis gelten die nachfolgenden Bedingungen.

§ 1 Wann beginnt Ihr Versicherungsschutz?

Ihr Versicherungsschutz beginnt, wenn Sie den ersten oder einmaligen Beitrag (Einlösungsbeitrag) gezahlt und wir die Annahme Ihres Antrages schriftlich oder durch Aushändigung des Versicherungsscheines bestätigt haben. Vor dem im Versicherungsschein angegebenen Beginn der Versicherung besteht jedoch noch kein Versicherungsschutz.

§ 2 Was haben Sie bei der Beitragszahlung zu beachten?

(1) Die Beiträge zu Ihrer Lebensversicherung können Sie je nach Vereinbarung in einem einzigen Betrag (Einmalbetrag) oder durch jährliche Beitragszahlungen (Jahresbeiträge) entrichten. Die Jahresbeiträge werden zu Beginn eines jeden Versicherungsjahres fällig.

(2) Nach Vereinbarung können Sie Jahresbeiträge auch in halbjährlichen, vierteljährlichen oder monatlichen Raten zahlen; hierfür werden Ratenzuschläge erhoben.

(3) Bei Fälligkeit der Versicherungsleistungen werden wir alle noch nicht gezahlten Raten des laufenden Versicherungsjahres und etwaige Beitragsrückstände verrechnen.

(4) Der erste oder einmalige Beitrag wird sofort nach Abschluß des Versicherungsvertrages fällig. Alle weiteren Beiträge (Folgebeiträge) sind innerhalb eines Monats, bei monatlicher Zahlungsweise innerhalb von zwei Wochen, jeweils ab Fälligkeitstag, an uns zu zahlen. Die Zahlung kann auch an unseren Vertreter erfolgen, sofern dieser Ihnen eine von uns ausgestellte Beitragsrechnung vorlegt.

(5) Für eine Stundung der Beiträge ist eine schriftliche Vereinbarung mit uns erforderlich.

Anmerkungen:

Wenn die Beiträge tariflich nur bis zum Ende des am Todestag laufenden Beitragszahlungsabschnitts zu zahlen sind, lautet Absatz 3 wie folgt:

»Bei Fälligkeit der Versicherungsleistung werden wir etwaige Beitragsrückstände verrechnen.«

Bei Tarifen, bei denen die Versicherungsperiode mit dem Beitragszahlungsabschnitt übereinstimmt, lautet § 2 wie folgt:

»Was haben Sie bei der Beitragszahlung zu beachten?

(1) Die Beiträge zu Ihrer Lebensversicherung können Sie je nach Vereinbarung in einem einzigen Betrag (Einmalbeitrag) oder durch laufende Beiträge für jede Versicherungsperiode entrichten. Versicherungsperiode kann je nach Vereinbarung ein Monat, ein Vierteljahr, ein halbes Jahr oder ein Jahr sein. Die laufenden Beiträge werden zu Beginn der vereinbarten Versicherungsperiode fällig.

(2) Bei Fälligkeit der Versicherungsleistung werden wir etwaige Beitragsrückstände verrechnen.

(3) Der erste oder einmalige Beitrag wird sofort nach Abschluß des Versicherungsvertrages fällig. Alle weiteren Beiträge (Folgebeiträge) sind innerhalb eines Monats, bei monatlicher Versicherungsperiode innerhalb von zwei Wochen, jeweils ab Fälligkeitstag an uns zu zahlen. Die Zahlung kann auch an unseren Vertreter erfolgen, sofern dieser Ihnen eine von uns ausgestellte Beitragsrechnung vorlegt.

(4) Für eine Stundung der Beiträge ist eine schriftliche Vereinbarung mit uns erforderlich.«

§ 3 Was geschieht, wenn Sie einen Beitrag nicht rechtzeitig zahlen?

Einlösungsbeitrag
(1) Wenn Sie den Einlösungsbeitrag nicht rechtzeitig zahlen, so können wir die Beiträge des ersten Versicherungsjahres auch bei Vereinbarung von Ratenzahlungen oder bei Vereinbarung eines Einmalbeitrages diesen sofort verlangen. Statt dessen können wir auch vom Versicherungsvertrag zurücktreten. Es gilt als Rücktritt, wenn wir unseren Anspruch auf den Einlösungsbeitrag nicht innerhalb von drei Monaten vom Fälligkeitstag an gerichtlich geltend machen. Bei einem Rücktritt können wir von Ihnen neben den Kosten einer ärztlichen Untersuchung eine besondere Gebühr für die Bearbei-

tung Ihres Vertrages verlangen. Diese Gebühr beläuft sich auf 10% der Beiträge des ersten Versicherungsjahres bzw. auf 3% des Einmalbeitrags.

Folgebeitrag
(2) Wenn Sie einen Folgebeitrag oder einen sonstigen Betrag, den Sie aus dem Versicherungsverhältnis schulden, nicht rechtzeitig zahlen, so erhalten Sie von uns eine schriftliche Mahnung. Begleichen Sie den Rückstand nicht innerhalb der in der Mahnung gesetzten Frist, so entfällt oder vermindert sich damit Ihr Versicherungsschutz. Auf diese Rechtsfolgen werden wir Sie in der Mahnung ausdrücklich hinweisen.

(3) Zahlen Sie schon im ersten Versicherungsjahr einen Folgebeitrag nicht rechtzeitig, so werden außerdem die noch ausstehenden Raten des ersten Jahresbeitrages sofort fällig.

Anmerkungen:

Bei Tarifen, bei denen die Versicherungsperiode mit dem Beitragszahlungsabschnitt übereinstimmt, lautet § 3 wie folgt:

»Was geschieht, wenn Sie einen Beitrag nicht rechtzeitig zahlen?

Einlösungsbeitrag
(1) Wenn Sie den Einlösungsbeitrag nicht rechtzeitig zahlen, so können wir vom Vertrag zurücktreten. Es gilt als Rücktritt, wenn wir unseren Anspruch auf den Einlösungsbeitrag nicht innerhalb von drei Monaten vom Fälligkeitstag an gerichtlich geltend machen. Bei einem Rücktritt können wir von Ihnen neben den Kosten einer ärztlichen Untersuchung eine besondere Gebühr für die Bearbeitung Ihres Vertrages verlangen. Diese Gebühr beläuft sich auf 10% der Beiträge des ersten Versicherungsjahres bzw. auf 3% des Einmalbetrages.

Folgebeitrag
(2) Wenn Sie einen Folgebeitrag oder einen sonstigen Betrag, den Sie aus dem Versicherungsverhältnis schulden, nicht rechtzeitig zahlen, so erhalten Sie von uns eine schriftliche Mahnung. Begleichen Sie den Rückstand nicht innerhalb der in der Mahnung gesetzten Frist, so entfällt oder vermindert sich Ihr Versicherungsschutz. Auf diese Rechtsfolgen werden wir Sie in der Mahnung ausdrücklich hinweisen.«

Sieht der Geschäftsplan die Bildung eines Deckungskapitals nicht vor (z. B. wenn nur Versicherungen mit nicht abgekürzter Beitragszahlungsdauer bis zu zehn Jahren abgeschlossen werden), so entfallen in Absatz 2 die Worte »oder vermindert sich«.

§ 4 Wann können Sie die Versicherung kündigen oder beitragsfrei stellen?

Kündigung und Auszahlung des Rückkaufswertes*

(1) Sie können Ihre Versicherung ganz oder teilweise schriftlich kündigen
- jederzeit zum Schluß des laufenden Versicherungsjahres
- Bei Vereinbarung von Ratenzahlungen auch innerhalb des Versicherungsjahres mit Frist von einem Monat zum Schluß eines jeden Ratenzahlungsabschnitts, frühestens jedoch zum Schluß des ersten Versicherungsjahres.

(2) Kündigen Sie Ihre Versicherung nur teilweise, so darf die verbleibende beitragspflichtige Versicherungssumme nicht unter den Mindestbetrag sinken, der in unserem aufsichtsbehördlich genehmigten Geschäftsplan festgelegt ist.

(3) Nach Kündigung erhalten Sie – soweit vorhanden – den nach unserem Geschäftsplan berechneten Rückkaufswert, wenn Sie die Beiträge für mindestens drei Jahre gezahlt haben.

(4) Der Rückkaufswert entspricht nicht der Summe der von Ihnen eingezahlten Beiträge, sondern dem Deckungskapital abzüglich eines in unserem Geschäftsplan festgelegten Abschlags.

Umwandlung in eine beitragsfreie Versicherung

(5) Anstelle einer Kündigung nach Absatz 1 können Sie unter Beachtung der dort genannten Termine und Fristen schriftlich verlangen, ganz oder teilweise von Beitragszahlungspflicht befreit zu werden. In diesem Falle wird die Versicherungssumme entsprechend unserem Geschäftsplan herabgesetzt. Voraussetzung für die Fortführung der Versicherung unter Befreiung von der Beitragspflicht ist allerdings, daß Sie die Beiträge für mindestens drei Jahre gezahlt haben und die herabgesetzte Versicherungssumme die geschäftsplanmäßig vorgesehene Mindestsumme nicht unterschreitet.

Beitragsrückzahlung

(6) Die Rückzahlung der Beiträge können Sie nicht verlangen.

Vorauszahlung

---

*Begriffsbestimmung siehe die dem Versicherungsschein beigefügte Tabelle der Rückkaufswerte und beitragsfreien Versicherungssummen.

Anmerkung:
Sieht der Geschäftsplan die Bildung eines Deckungskapitals nicht vor (z. B. wenn nur Versicherungen mit nicht abgekürzter Beitragszahlungsdauer bis zu zehn Jahren abgeschlossen werden), so entfällt diese Fußnote.

(7) Vorauszahlungen auf die Versicherungsleistung können Sie nicht erhalten.

Anmerkungen:

Bei Tarifen, bei denen die Versicherungsperiode mit dem Beitragszahlungsabschnitt übereinstimmt, lautet § 4 wie folgt:

»Wann können Sie die Versicherung kündigen oder beitragsfrei stellen?

Kündigung und Auszahlung des Rückkaufswertes*

(1) Sie können Ihre Versicherung jederzeit zum Schluß der Versicherungsperiode ganz oder teilweise schriftlich kündigen.

(2) Kündigen Sie Ihre Versicherung nur teilweise, so darf die verbleibende beitragspflichtige Versicherungssumme nicht unter den Mindestbetrag sinken, der in unserem aufsichtsbehördlichen genehmigten Geschäftsplan festgelegt ist.

(3) Nach Kündigung erhalten Sie – soweit vorhanden – den nach unserem Geschäftsplan berechneten Rückkaufswert, wenn Sie die Beiträge für mindestens drei Jahre gezahlt haben.

(4) Der Rückkaufswert entspricht nicht der Summe der von Ihnen eingezahlten Beiträge, sondern dem Deckungskapital abzüglich eines in unserem Geschäftsplan festgelegten Abschlags.

Umwandlung in eine beitragsfreie Versicherung

(5) Anstelle einer Kündigung nach Absatz 1 können Sie zum dort genannten Termin schriftlich verlangen, ganz oder teilweise von Ihrer Beitragszahlungspflicht befreit zu werden. In diesem Fall wird die Versicherungssumme entsprechend unserem Geschäftsplan herabgesetzt. Voraussetzung für die Fortführung der Versicherung unter Befreiung von der Beitragspflicht ist allerdings, daß Sie die Beiträge für mindestens drei Jahre gezahlt haben und die herabgesetzte Versicherungssumme die geschäftsplanmäßig vorgesehene Mindestsumme nicht unterschreitet.

Beitragsrückzahlung

(6) Die Rückzahlung der Beiträge können Sie nicht verlangen.

Vorauszahlung

(7) Vorauszahlungen auf die Versicherungsleistung können Sie nicht erhalten.«

Sieht der Geschäftsplan die Bildung eines Deckungskapitals nicht vor (z.B. wenn nur Versicherungen mit nicht abgekürzter Beitragszahlungsdauer bis zu zehn Jahren abgeschlossen werden), so tritt an die Stelle der Absätze 3 bis 6 folgender Absatz 3:

»(3) Auf die gekündigte Versicherung können Sie keinen Rückkaufswert erhalten. Auch eine Umwandlung in eine beitragsfreie Versicherung oder eine Rückzahlung der Beiträge ist nicht möglich.«

Absatz 7 wird dann zu Absatz 4.

In der Überschrift sind die Worte »oder beitragsfrei zu stellen« zu streichen. Ferner entfällt die Zwischenüberschrift vor Absatz 1.

§ 5 Unter welchen Voraussetzungen kann eine Risikoversicherung in eine kapitalbildende Versicherung umgetauscht werden?

Eine Risikoversicherung mit gleichbleibender Versicherungssumme können Sie jederzeit, spätestens jedoch zum Ende des 10. Versicherungsjahres, ohne erneute Gesundheitsprüfung in eine kapitalbildende Lebensversicherung mit gleicher oder geringerer Versicherungssumme umtauschen.

Bei Versicherungsdauern bis zu zehn Jahren müssen Sie Ihr Umtauschrecht spätestens drei Monate vor Ablauf der Risikoversicherung ausüben.

§ 6 Was bedeutet die vorvertragliche Anzeigepflicht?

(1) Wir übernehmen den Versicherungsschutz im Vertrauen darauf, daß Sie alle in Verbindung mit dem Versicherungsantrag gestellten Fragen wahrheitsgemäß und vollständig beantwortet haben (vorvertragliche Anzeigepflicht). Das gilt insbesondere für die Fragen nach gegenwärtigen oder früheren Erkrankungen, gesundheitlichen Störungen und Beschwerden.

(2) Soll das Leben einer anderen Person versichert werden, ist auch diese – neben Ihnen – für die wahrheitsgemäße und vollständige Beantwortung der Fragen verantwortlich.

(3) Wenn Umstände, die für die Übernahme des Versicherungsschutzes Bedeutung haben, von Ihnen oder der versicherten Person (vgl. Absatz 2) nicht oder nicht richtig angegeben worden sind, können wir binnen drei Jahren seit Vertragsschluß vom Vertrag zurücktreten, bei Eintritt des Versicherungsfalles während der ersten drei Jahre auch noch nach Ablauf dieser Frist. Den Rücktritt können wir aber nur innerhalb eines Monats erklären, nachdem wir von der Verletzung der Anzeigepflicht Kenntnis erhalten haben. Die Kenntnis eines Vermittlers steht unserer Kenntnis nicht gleich.

Wenn uns nachgewiesen wird, daß die falschen oder unvollständigen Angaben nicht schuldhaft gemacht worden sind, wird unser Rücktritt gegenstandslos. Haben wir den Rücktritt nach Eintritt des Versicherungsfalles erklärt, bleibt unsere Leistungspflicht bestehen, wenn die verschwiegenen Umstände nachweislich keinen Einfluß auf den Eintritt des Versicherungsfalles oder den Umfang unserer Leistung gehabt haben.

(4) Wir können den Versicherungsvertrag auch anfechten, falls durch unrichtige oder unvollständige Angaben bewußt und gewollt auf unsere Annahmeentscheidung Einfluß genommen worden ist. Handelt es sich um Angaben der versicherten Person, so können wir Ihnen gegenüber die Anfechtung erklären, auch wenn Sie von der Verletzung der vorvertraglichen Anzeigepflicht keine Kenntnis hatten.

(5) Die Absätze 1 bis 4 gelten auch für Angaben, die bei einem Antrag auf Änderung oder Wiederherstellung der Versicherung zu machen sind.

(6) Sofern Sie uns keine andere Person als Bevollmächtigten benannt haben, gilt nach Ihrem Ableben ein Bezugsberechtigter als bevollmächtigt, eine Rücktritts- oder Anfechtungserklärung entgegenzunehmen. Ist auch ein Bezugsberechtigter nicht vorhanden oder kann sein Aufenthalt nicht ermittelt werden, so können wir den Inhaber des Versicherungsscheins zur Entgegennahme der Erklärung als bevollmächtigt ansehen.

§ 7 Was gilt bei Wehrdienst, Unruhen oder Krieg?

(1) Grundsätzlich besteht unsere Leistungspflicht unabhängig davon, auf welcher Ursache der Versicherungsfall beruht. Wir gewähren Versicherungsschutz insbesondere auch dann, wenn der Versicherte in Ausübung des Wehr- oder Polizeidienstes oder bei inneren Unruhen den Tod gefunden hat.

(2) Bei Ableben des Versicherten in unmittelbarem oder mittelbarem Zusammenhang mit kriegerischen Ereignissen beschränkt sich unsere Leistungspflicht allerdings auf die Auszahlung des für den Todestag berechneten Deckungskapitals (vgl. § 4 Abs. 4), es sei denn, Gesetze oder Anordnungen der Aufsichtsbehörde sehen eine höhere Leistung vor.

Anmerkung:

Sieht der Geschäftsplan die Bildung eines Deckungskapitals nicht vor (z. B. wenn nur Versicherungen mit nicht abgekürzter Beitragszahlungsdauer bis zu zehn Jahren abgeschlossen werden), so lautet Absatz 2 wie folgt:

»(2) Bei Ableben des Versicherten in unmittelbarem oder mittelbarem Zusammenhang mit kriegerischen Ereignissen sind wir allerdings von der Verpflichtung zur Leistung frei, es sei denn, Gesetze oder Anordnungen der Aufsichtsbehörde sehen eine Leistung vor.«

§ 8 Was gilt bei Selbsttötung des Versicherten?

(1) Bei Selbsttötung vor Ablauf von drei Jahren seit Zahlung des Einlösungsbeitrages oder seit Wiederherstellung der Versicherung besteht Versicherungsschutz nur dann, wenn uns nachgewiesen wird, daß die Tat in einem die freie Willensbestimmung ausschließenden Zustand krankhafter Störung der Geistestätigkeit begangen worden ist. Andernfalls zahlen wir ein etwa vorhandenes Deckungskapital aus (vgl. § 4 Abs. 4).

(2) Bei Selbsttötung nach Ablauf der Dreijahresfrist bleiben wir zur Leistung verpflichtet.

Anmerkung:

Sieht der Geschäftsplan die Bildung eines Deckungskapitals nicht vor (z. B. wenn nur Versicherungen mit nicht abgekürzter Beitragszahlungsdauer bis zu zehn Jahren abgeschlossen werden), so lautet Absatz 1 Satz 2 wie folgt:

»Andernfalls sind wir von der Verpflichtung zur Leistung frei.«

§ 9 Was ist bei Fälligkeit der Versicherungsleistung zu beachten?

(1) Leistungen aus dem Versicherungsvertrag erbringen wir gegen Vorlage des Versicherungsscheins. Zusätzlich können wir auch den Nachweis der letzten Beitragszahlung verlangen.

(2) Der Tod des Versicherten ist uns unverzüglich anzuzeigen. Außer den in Absatz 1 genannten Unterlagen sind uns einzureichen

- eine amtliche, Alter und Geburtsort enthaltende Sterbeurkunde,
- ein ausführliches ärztliches oder amtliches Zeugnis über die Todesursache sowie über Beginn und Verlauf der Krankheit, die zum Tode des Versicherten geführt hat.

(3) Zur Klärung unserer Leistungspflicht können wir notwendige weitere Nachweise verlangen und erforderliche Erhebungen selbst anstellen. Wir werden die erforderlichen Erhebungen nur auf die Zeit vor der Antragsannahme, die nächsten drei Jahre danach und das Jahr vor dem Tode des Versicherten erstrecken.

(4) Die mit den Nachweisen verbundenen Kosten trägt derjenige, der die Versicherungsleistung beansprucht.

§ 10 Wo sind die vertraglichen Verpflichtungen zu erfüllen?

(1) Unsere Leistungen überweisen wir dem Empfangsberechtigten auf seine Kosten. Bei Überweisungen ins Ausland trägt der Empfangsberechtigte auch die damit verbundene Gefahr.

(2) Die Übermittlung Ihrer Beiträge erfolgt auf Ihre Gefahr und Ihre Kosten. Für die Rechtzeitigkeit der Beitragszahlung genügt es, wenn Sie fristgerecht (vgl. §§ 2 Abs. 4 und 3 Abs. 2) alles getan haben, damit der Beitrag bei uns eingeht.

§ 11 Welche Bedeutung hat der Versicherungsschein?

(1) Den Inhaber des Versicherungsscheins können wir als berechtigt ansehen, über die Rechte aus dem Versicherungsvertrag zu verfügen, insbesondere Leistungen in Empfang zu nehmen. Wir können aber verlangen, daß uns der Inhaber des Versicherungsscheins seine Berechtigung nachweist.

(2) In den Fällen des § 13 Abs. 4 brauchen wir den Nachweis der Berechtigung nur dann anzuerkennen, wenn uns die schriftliche Anzeige des bisherigen Berechtigten vorliegt.

§ 12 Was gilt für Mitteilungen, die sich auf das Versicherungsverhältnis beziehen?

(1) Mitteilungen, die das Versicherungsverhältnis betreffen, müssen stets schriftlich erfolgen. Für uns bestimmte Mitteilungen werden wirksam, sobald sie uns zugegangen sind. Versicherungsvertreter sind zu ihrer Entgegennahme nicht bevollmächtigt.

(2) Eine Änderung Ihrer Postanschrift müssen Sie uns unverzüglich mitteilen. Anderenfalls können für Sie Nachteile entstehen, da sie ggf. von wichtigen Mitteilungen nicht rechtzeitig Kenntnis erhalten.

(3) Wenn Sie sich für längere Zeit außerhalb der Bundesrepublik Deutschland einschließlich des Landes Berlin aufhalten, sollten Sie uns, auch in Ihrem Interesse, eine in diesem Gebiet ansässige Person benennen, die bevollmächtigt ist, unsere Mitteilungen für Sie entgegenzunehmen (Zustellungsbevollmächtigter).

§ 13 Wer erhält die Versicherungsleistung?

(1) Die Leistung aus dem Versicherungsvertrag erbringen wir an Sie als unseren Versicherungsteilnehmer oder an Ihre Erben, falls Sie uns keine andere Person benannt haben, die bei Eintritt des Versicherungsfalls die Ansprüche aus dem Versicherungsvertrag erwerben soll (Bezugsberechtigter). Bis zum Eintritt des Versicherungsfalls können Sie das Bezugsrecht jederzeit widerrufen.

(2) Wenn Sie ausdrücklich bestimmen, daß der Bezugsberechtigte die Ansprüche aus dem Versicherungsvertrag unwiderruflich und damit sofort erwerben soll, werden wir Ihnen schriftlich bestätigen, daß der Widerruf des Bezugsrechts ausgeschlossen ist. Sobald Ihnen unsere Bestätigung zugegangen ist, kann das bis zu diesem Zeitpunkt noch widerrufliche Bezugsrecht nur noch mit Zustimmung des von Ihnen Benannten aufgehoben werden.

(3) Sie können Ihre Rechte aus dem Versicherungsvertrag auch abtreten oder verpfänden.

(4) Die Einräumung und der Widerruf eines widerruflichen Bezugsrechts (vgl. Absatz 1) sowie eine Abtretung oder Verpfändung von Ansprüchen aus dem Versicherungsvertrag sind uns gegenüber nur und erst dann wirksam, wenn sie uns vom bisherigen Berechtigten schriftlich angezeigt worden sind. Der bisherige Berechtigte sind im Regelfall Sie; es können aber auch andere Personen sein, sofern Sie bereits vorher Verfügungen vorgenommen haben.

§ 14 Welche Kosten und Gebühren dürfen Ihnen in Rechnung gestellt werden?

Über die vereinbarten Beiträge hinaus dürfen wir Ihnen Kosten und Gebühren nur in den von der Aufsichtsbehörde genehmigten Fällen in Rechnung stellen.

§ 15 Wo ist der Gerichtsstand?

Ansprüche aus Ihrem Versicherungsvertrag können gegen uns bei dem für unseren Geschäftssitz örtlich zuständigen Gericht geltend gemacht werden. Ist Ihre Versicherung durch Vermittlung eines Versicherungsvertreters zustande gekommen, kann auch das Gericht des Ortes angerufen werden, an dem der Vertreter zur Zeit der Vermittlung seine gewerbliche Niederlassung oder, wenn er eine solche nicht unterhält, seinen Wohnsitz hatte.

§ 16 Wie sind Sie an unseren Überschüssen beteiligt?

(1) Um die zugesagten Versicherungsleistungen über die in der Regel lange Versicherungsdauer hinweg sicherzustellen, sind die vereinbarten Lebensversicherungsbeiträge besonders vorsichtig kalkuliert. An dem erwirtschafteten Überschuß sind unsere Versicherungsnehmer entsprechend unserem jeweiligen von der Aufsichtsbehörde genehmigten Geschäftsplan beteiligt.

(2) Ihre Versicherung gehört zum Abrechnungsverband ...

Anmerkung:

§ 16 ist nach Maßgabe des Geschäftsplanes durch folgende Angaben zu ergänzen:

a) Voraussetzungen für die Fälligkeit der Überschußanteile (Wartezeit, Stichtag für die Zuteilung u. ä.).
b) Form und Verwendung der Überschußanteile (laufende Überschußanteile, Schlußüberschußanteile, Bonus, Ansammlung, Verrechnung, Barauszahlung).

§ 17 Welche der vorstehenden Bestimmungen können geändert werden?

Die Bestimmungen über den Rückkaufswert und die beitragsfreie Versicherung (vgl. § 4), den Wehrdienst, die Unruhen oder den Krieg (vgl. § 7), die Selbsttötung (vgl. § 8) und die Überschußbeteiligung (vgl. § 16) können mit Zustimmung der Aufsichtsbehörde auch für bestehende Versicherungen geändert werden.

Anmerkung:

Sieht der Geschäftsplan die Bildung eines Deckungskapitals nicht vor (z. B. wenn nur Versicherungen mit nicht abgekürzter Beitragszahlungsdauer bis zu zehn Jahren abgeschlossen werden), so lautet § 17 wie folgt:

»Welche der vorstehenden Bestimmungen können geändert werden?

Die Bestimmungen über die Selbsttötung (vgl. § 8) und die Überschußbeteiligung (vgl. § 16) können mit Zustimmung der Aufsichtsbehörde auch für bestehende Versicherungen geändert werden.«

Allgemeine Versicherungsbedingungen für die Berufsunfähigkeits-Versicherung

§ 1 Gegenstand der Versicherung

1. Wird der Versicherte während der Versicherungsdauer vollständig oder teilweise berufsunfähig, so wird bei einer Berufsunfähigkeit von mindestens 50% die versicherte Berufsunfähigkeitsrente gewährt. Bei einem geringeren Grad der Berufsunfähigkeit besteht kein Anspruch auf Rente.

5. Der Anspruch auf die Rente erlischt, wenn der Grad der Berufsunfähigkeit unter 50 Prozent (bei Vereinbarung nach Absatz 2: unter 25 Prozent) sinkt, der Versicherte stirbt oder die Versicherungsdauer abläuft.

6. Die Verpflichtung zur Beitragszahlung entfällt, solange und in demselben Maße wie der Anspruch auf die Rente besteht.

§ 2 Begriff der Berufsunfähigkeit

1. Vollständige Berufsunfähigkeit liegt vor, wenn der Versicherte infolge Krankheit, Körperverletzung oder Kräfteverfalls die ärztlich nachzuweisen sind, voraussichtlich dauernd außerstande ist, seinen Beruf oder eine andere Tätigkeit auszuüben, die aufgrund seiner Ausbildung und Erfahrung ausgeübt werden kann und seiner bisherigen Lebensstellung entspricht.

2. Teilweise Berufsunfähigkeit liegt vor, wenn die vorstehenden Voraussetzungen nur in einem bestimmten Grade voraussichtlich dauernd erfüllt sind.

3. Ist der Versicherte mindestens sechs Monate lang ununterbrochen infolge Krankheit, Körperverletzung oder Kräfteverfalls, die ärztlich nachzuweisen sind, vollständig oder teilweise außerstande gewesen, seinen Beruf oder eine andere Tätigkeit auszuüben, die aufgrund seiner Ausbildung und Erfahrung ausgeübt werden kann und seiner bisherigen Lebensstellung entspricht, so gilt die Fortdauer dieses Zustandes als vollständige oder teilweise Berufsunfähigkeit.

4. Scheidet der Versicherte aus dem Berufsleben aus und werden später Leistungen wegen Berufsunfähigkeit beantragt, so kommt es bei der Anwendung der Ziffern 1 – 3 darauf an, daß er außerstande ist, eine Tätigkeit auszuüben, die aufgrund seiner Kenntnisse und Fähigkeiten ausgeübt werden kann und seiner bisherigen Lebensstellung entspricht. Ein Rechtsanspruch auf Leistungen aus der Berufsunfähigkeits-Versicherung

kann nicht mehr entstehen, wenn bereits Altersruhegeld aus der gesetzlichen Rentenversicherung oder vergleichbare Bezüge empfangen werden oder beantragt worden sind.

5. Bis zum Abschluß der Berufsausbildung tritt an die Stelle der vollständigen und der teilweisen Berufsunfähigkeit die volle Erwerbsunfähigkeit als Voraussetzung für die bedingungsgemäßen Leistungsansprüche. Der Begriff der Erwerbsunfähigkeit entspricht dem der gesetzlichen Rentenversicherung (erwerbsunfähig ist der Versicherte, der infolge von Krankheit oder anderen Gebrechen oder von Schwäche seiner körperlichen oder geistigen Kräfte auf nicht absehbare Zeit eine Erwerbstätigkeit in gewisser Regelmäßigkeit nicht mehr ausüben oder nicht mehr als nur geringfügige Einkünfte durch Erwerbstätigkeit erzielen kann).

§ 3 Ausschlüsse und Begrenzungen des Versicherungsschutzes

1. Ausgeschlossen von der Versicherung ist die Berufsunfähigkeit, die verursacht ist:

   a) unmittelbar oder mittelbar durch Kriegsereignisse oder innere Unruhen, sofern der Versicherte auf seiten der Unruhestifter teilgenommen hat;

   b) durch vorsätzliche Ausführung oder den Versuch eines Verbrechens oder Vergehens durch den Versicherten;

   c) durch absichtliche Herbeiführung von Krankheit oder Kräfteverfall, absichtliche Selbstverletzung oder versuchte Selbsttötung, es sei denn, daß diese Handlungen in einem die freie Willensbestimmung ausschließenden Zustand krankhafter Störung der Geistestätigkeit begangen worden sind;

   d) durch vorsätzliches Herbeiführen der Berufsunfähigkeit des Versicherten durch eine widerrechtliche Handlung des Versicherungsnehmers;

   e) durch Beteiligung an Fahrtveranstaltungen mit Kraftfahrzeugen, bei denen es auf die Erzielung einer Höchstgeschwindigkeit ankommt, und den dazugehörigen Übungsfahrten;

   f) durch energiereiche Strahlen mit einer Härte von mindestens 100 Elektronen-Volt, durch Neutronen jeder Energie, durch Laser- oder Maserstrahlen und durch künstlich erzeugte ultraviolette Strahlen, es sei denn, daß eine Bestrahlung für Heilzwecke durch den Arzt oder unter ärztlicher Aufsicht erfolgt.

2. Bei Luftfahrten erstreckt sich der Versicherungsschutz auf Berufsunfähigkeit nur, wenn sie verursacht wird durch Teilnahme des Versicherten an Reise- oder Rundflügen über Gebieten mit organisiertem Luftverkehr

   a) als Fluggast eines zum zivilen Luftverkehr zugelassenen Motorflugzeuges (Propeller-, Strahlflugzeug oder Hubschrauber) oder

   b) als Fluggast eines zur Personenbeförderung eingesetzten Militärflugzeuges (Propeller-, Strahlflugzeug oder Hubschrauber).

3. Lebt die aus irgendeinem Grund erloschene Leistungspflicht der Gesellschaft wieder auf, so können Ansprüche nicht aufgrund solcher Ursachen (Krankheit, Körperverletzung oder Kräfteverfall) geltend gemacht werden, die während der Unterbrechung des vollen Versicherungsschutzes eingetreten sind.

§ 4 Beginn des Versicherungsschutzes

Der Versicherungsschutz beginnt mit dem Eingang des Einlösungsbeitrages nebst Gebühren und etwaigen öffentlichen Abgaben, jedoch nicht vor Abschluß des Versicherungsvertrages und nicht vor dem im Versicherungsschein angegebenen Beginn der Versicherung.

§ 5 Beiträge

1. Der Versicherungsnehmer zahlt für jede Versicherungsperiode einen laufenden Beitrag. Der laufende Beitrag ist jeweils zu Beginn jeder Versicherungsperiode fällig. Versicherungsperiode ist entsprechend der vereinbarten Beitragszahlungsweise ein Monat, ein Vierteljahr, ein halbes Jahr oder ein Jahr.

2. Der Einlösungsbeitrag nebst Gebühren und etwaigen öffentlichen Abgaben ist sofort nach Abschluß des Vertrages gegen Aushändigung des Versicherungsscheines zu zahlen. Folgebeiträge sind innerhalb eines Monats oder, wenn Monatsbeiträge vereinbart sind, innerhalb von zwei Wochen vom Fälligkeitstage an kostenfrei an die Gesellschaft oder an die von ihr bezeichnete Stelle zu zahlen. Beiträge können nur durch schriftliche Erklärung der Gesellschaft gestundet werden.

3. Die Gesellschaft ist mit Genehmigung der Aufsichtsbehörde berechtigt, frühestens ab dem 2. Versicherungsjahr auch für bestehende Versicherungen die Beiträge zu erhöhen. Voraussetzung dafür ist, daß

   a) eine für den Abrechnungsverband der nach diesen Bedingungen abgeschlossenen Versicherungen verlustbringende Häufung von Versicherungsfällen eingetreten ist,

b) diese Häufung die Folge einer Änderung der Verhältnisse seit Abschluß der Versicherung ist und

c) die Beitragserhöhung zur Sicherung der dauernden Erfüllbarkeit der Versicherungen erforderlich ist. Die Beitragserhöhung wird nur dann wirksam, wenn sie dem Versicherungsnehmer spätestens 8 Wochen vor dem Beitragsfälligkeitstermin schriftlich mitgeteilt worden ist.

§ 6 Zahlungsverzug

1. Wird der Einlösungsbeitrag nebst Gebühren und etwaigen öffentlichen Abgaben nicht rechtzeitig gezahlt, so kann die Gesellschaft, solange die Zahlung nicht bewirkt ist, vom Vertrag zurücktreten. Bei Rücktritt kann sie neben den Kosten der ärztlichen Untersuchung eine Gebühr von 10 Prozent der Beiträge des ersten Versicherungsjahres fordern. Es gilt als Rücktritt, wenn der Anspruch auf den Einlösungsbeitrag nicht innerhalb von drei Monaten vom Fälligkeitstage an gerichtlich geltend gemacht wird.

2. Wird ein Folgebeitrag oder ein sonstiger aus dem Versicherungsverhältnis geschuldeter Betrag nicht rechtzeitig gezahlt, so setzt die Gesellschaft dem Versicherungsnehmer schriftlich unter Angabe der Rechtsfolgen weiterer Säumnis eine Zahlungsfrist, zu diesen Rechtsfolgen gehört der Verlust des Versicherungsschutzes.

§ 7 Kündigungsrecht des Versicherungsnehmers

1. Der Versicherungsnehmer kann die Versicherung jederzeit auf den Schluß der laufenden Versicherungsperiode ganz oder teilweise schriftlich kündigen. Bei teilweiser Kündigung darf die verbleibende Rente nicht unter den im Geschäftsplan festgelegten Mindestbetrag sinken. Auf die gekündigte Versicherung wird keine Rückvergütung gewährt.

2. Die Umwandlung in eine beitragsfreie Versicherung mit herabgesetzter Rente ist ausgeschlossen.

3. Die Rückerstattung der Beiträge kann der Versicherungsnehmer nicht verlangen.

§ 8 Keine Vorauszahlung und keine Kapitalabfindung

1. Eine Vorauszahlung auf Versicherungsleistungen ist ausgeschlossen.

2. Nach dem Eintritt des Versicherungsfalles wird die Versicherungsleistung nur in der vertraglich vorgesehenen Rentenform erbracht; eine Abfindung dieser Leistung durch Kapitalzahlung ist ausgeschlossen.

§ 9 Verletzung der Anzeigepflicht

1. Hat der Versicherungsnehmer oder der Versicherte bei Abschluß, Änderung oder Wiederherstellung der Versicherung Umstände, die für die Übernahme der Gefahr erheblich sind, nicht richtig angegeben, so kann die Gesellschaft binnen 10 Jahren, aber nur innerhalb eines Monats, nachdem sie von der Verletzung der Anzeigepflicht Kenntnis erhalten hat, vom Vertrag zurücktreten. Kenntnis eines Vermittlers steht der Kenntnis der Gesellschaft nicht gleich. Die Erklärung des Rücktritts ist mit einer Rechtsbelehrung zu verbinden.

2. Das Recht der Gesellschaft, die Versicherung wegen arglistiger Täuschung anzufechten, bleibt unberührt. Hat der Versicherte eine arglistige Täuschung verübt, so kann die Anfechtung dem Versicherungsnehmer gegenüber erklärt werden, auch wenn dieser die Verletzung der Anzeigepflicht nicht kannte.

3. Die Gesellschaft kann sich auf den Rücktritt oder die Anfechtung des Versicherungsvertrages auch dritten Berechtigten gegenüber berufen.

4. Für die durch Rücktritt oder Anfechtung aufgehobene Versicherung gilt § 7 entsprechend.

§ 10 Anzeige, Nachweis, Leistungserhöhung und Schadenminderung

1. Werden Leistungen wegen Berufsunfähigkeit oder höhere Leistungen wegen Erhöhung des Grades der Berufsunfähigkeit beansprucht, so ist dies der Gesellschaft unter Einreichung des Versicherungsscheines und der letzten Beitragsquittung schriftlich anzuzeigen. Eine Leistungserhöhung kann nur vom Beginn des Monats der Anzeige an verlangt werden. Außerdem ist der Gesellschaft ein amtliches Zeugnis über den Tag der Geburt des Versicherten vorzulegen.

2. Zum Nachweis der Berufsunfähigkeit oder der Erhöhung ihres Grades sind der Gesellschaft unverzüglich einzureichen:

   a) eine Darstellung der Ursache;

   b) ausführliche Berichte der Ärzte, die den Versicherten behandeln, behandelt oder untersucht haben, über Ursache, Beginn, Art, Verlauf und voraussichtliche Dauer des Leidens sowie über die eingetretenen Veränderungen;

c) Unterlagen über den Beruf des Versicherten, seine Stellung und Tätigkeit im Zeitpunkt des Eintritts der Berufsunfähigkeit sowie über die eingetretenen Veränderungen.
Hierdurch entstehende Kosten hat der Anspruchererhebende zu tragen.

3. Die Gesellschaft hat das Recht, als weiteren Nachweis zusätzliche Auskünfte und Aufklärungen, auch über die wirtschaftlichen Verhältnisse und ihre Veränderungen sowie ärztliche Nachuntersuchungen durch von ihr beauftragte Ärzte auf ihre Kosten zu verlangen.
Die Ärzte, Zahnärzte, Krankenhäuser und sonstigen Krankenanstalten, bei denen der Versicherte in Behandlung war oder sein wird, sowie andere Personenversicherer und Behörden sind zu ermächtigen, der Gesellschaft auf Verlangen Auskunft zu erteilen.

4. Anordnungen, die der untersuchende oder behandelnde Arzt nach gewissenhaftem Ermessen trifft, um die Heilung zu fördern oder die Berufsunfähigkeit zu mindern, hat der Versicherte zu befolgen, wobei ihm nichts Unbilliges zugemutet werden darf.

§ 11 Erklärung über die Leistungspflicht

Nach Prüfung der ihr eingereichten und von ihr beigezogenen Unterlagen erklärt die Gesellschaft gegenüber dem Anspruchererhebenden, ob, in welchem Umfang und von welchem Zeitpunkt an sie eine Leistungspflicht anerkennt.

§ 12 Verfahren bei Meinungsverschiedenheiten

1. Im Falle von Meinungsverschiedenheiten darüber, ob, in welchem Grade und von welchem Zeitpunkt ab Berufsunfähigkeit vorliegt, entscheidet ein Ärzteausschuß. Für alle sonstigen Streitpunkte sind die ordentlichen Gerichte zuständig.

2. Die Entscheidung des Ärzteausschusses ist von dem Anspruchererhebenden bis zum Ablauf von sechs Monaten, nachdem ihm die Erklärung der Gesellschaft nach § 11 zugegangen ist, zu beantragen. Die Gesellschaft und der Anspruchererhebende können jedoch bis zum Ablauf dieser Frist verlangen, daß anstelle des Ärzteausschusses die ordentlichen Gerichte entscheiden. Wird dieses Verlangen gestellt, so kann der Anspruch nur durch Klage geltend gemacht werden.

3. Läßt der Anspruchерhebende die unter Ziffer 2 genannte Frist verstreichen, ohne daß er entweder die Entscheidung des Ärzteausschusses verlangt oder Klage erhebt, so sind weitergehende Ansprüche, als sie von der Gesellschaft anerkannt sind, ausgeschlossen. Auf diese Rechtsfolge hat die Gesellschaft in ihrer Erklärung hinzuweisen.

4. Für den Ärzteausschuß gelten folgende Bestimmungen:
   a) Der Ärzteausschuß setzt sich zusammen aus zwei Ärzten, von denen jede Partei einen benennt, und einem Obmann. Dieser wird von den beiden von den Parteien benannten Ärzten gewählt und soll ein auf dem jeweiligen Fachgebiet sowie in der Begutachtung der Berufsunfähigkeit erfahrener Arzt sein, der nicht in einem Abhängigkeitsverhältnis zu einer der Parteien steht. Einigen sich die von den Parteien gewählten Ärzte nicht binnen eines Monats über den Obmann, so wird dieser auf Antrag einer Partei von dem Vorsitzenden der für den letzten inländischen Wohnsitz des Versicherten zuständigen Ärztekammer benannt. Hat der Versicherte keinen inländischen Wohnsitz, so ist die für den Sitz der Gesellschaft zuständige Ärztekammer maßgebend.
   b) Benennt eine Partei ihr Ausschußmitglied nicht binnen eines Monats, nachdem sie von der anderen Partei hierzu aufgefordert worden ist, so wird dieses Ausschußmitglied gleichfalls durch den Vorsitzenden der Ärztekammer benannt.
   c) Sobald der Ausschuß zusammengesetzt ist, hat die Gesellschaft unter Einsendung der erforderlichen Unterlagen den Obmann um die Durchführung des Verfahrens zu ersuchen.
   d) Der Obmann bestimmt im Benehmen mit den beiden Ausschußmitgliedern Ort und Zeit des Zusammentritts und gibt hiervon den Parteien mindestens eine Woche vor dem Termin Nachricht. Es bleibt ihm unbenommen, sich wegen weiterer Aufklärung des Sachverhalts an die Parteien zu wenden. In der Sitzung ist der Versicherte, soweit möglich, zu hören und erforderlichenfalls zu untersuchen. Erscheint der Versicherte unentschuldigt nicht, so kann der Ausschuß aufgrund der Unterlagen entscheiden.
   e) Die Entscheidung ist schriftlich zu begründen und vom Obmann zu unterzeichnen.
   f) Ist die Entscheidung des Ärzteausschusses für den Anspruchеrhebenden günstiger als das vor seinem Zusammentritt abgegebene Angebot der Gesellschaft, so sind die Kosten voll von dieser zu tragen. Anderenfalls werden sie dem Anspruchеrhebenden bis zu 25 Prozent einer versicherten Jahresrente auferlegt.

§ 13 Nachprüfung der Berufsunfähigkeit

1. Die Gesellschaft ist berechtigt, den Grad der Berufsunfähigkeit und das Fortleben des Versicherten nachzuprüfen. Zu diesem Zweck kann sie auf ihre Kosten jederzeit sachdienliche Auskünfte und – jedoch nur einmal im Jahr – eine Untersuchung des Versicherten durch einen von ihr beauftragten Arzt verlangen. Die Bestimmungen des § 10 Ziffer 2 bis 4 finden entsprechende Anwendung.

2. Der Versicherungsnehmer ist verpflichtet, eine Minderung der Berufsunfähigkeit sowie die Wiederaufnahme bzw. Änderung der beruflichen Tätigkeit des Versicherten der Gesellschaft unverzüglich anzuzeigen.

3. Hat sich der Grad der Berufsunfähigkeit gemindert, so kann die Gesellschaft die Leistungen neu festsetzen. Macht die Gesellschaft eine Herabsetzung oder den Wegfall des Anspruchs auf Leistungen geltend, so ist sie verpflichtet, dies dem Anspruchberechtigten unter Hinweis auf dessen Rechte aus § 12 mitzuteilen. Die Herabsetzung oder der Wegfall der Leistungen wird nicht vor Ablauf eines Monats nach Absendung der Mitteilung, frühestens jedoch zu Beginn des darauffolgenden Versicherungsvierteljahres, wirksam.

§ 14 Folgen von Obliegenheitsverletzungen

Wird eine Obliegenheit (vgl. §§ 10 und 13) verletzt, die nach dem Eintritt des Versicherungsfalles der Gesellschaft gegenüber zu erfüllen ist, so ist die Gesellschaft bis zum Beginn des Monats, in dem der Anspruchserhebende die Obliegenheit erfüllt, von der Verpflichtung zur Leistung frei, es sei denn, daß die Obliegenheitsverletzung weder auf Vorsatz noch auf grober Fahrlässigkeit beruht. Bei grobfahrlässiger Verletzung bleibt die Gesellschaft zur Leistung insoweit verpflichtet, als die Verletzung Einfluß weder auf die Feststellung des Versicherungsfalles noch auf die Feststellung oder den Umfang der der Gesellschaft obliegenden Leistung gehabt hat.

§ 15 Rechte dritter Personen

1. Der Versicherungsnehmer kann einen Dritten als bezugsberechtigt bezeichnen. Der Bezugsberechtigte erwirbt das Recht auf die Leistung der Gesellschaft erst mit dem Eintritt des Versicherungsfalles. Bis dahin kann der Versicherungsnehmer die Bezugsberechtigung widerrufen.

2. Der Bezugsberechtigte erwirbt ein sofortiges und unwiderrufliches Recht auf die Leistung aus dem Versicherungsvertrag, wenn die Gesellschaft den dahingehenden Antrag des Versicherungsnehmers angenommen

und ihm schriftlich bestätigt hat, daß der Widerruf ausgeschlossen ist. Bis zum Eingang der Bestätigung hat der Bezugsberechtigte lediglich ein widerrufliches Recht auf die Leistung aus dem Versicherungsvertrag.

3. Verpfändung und Abtretung der Versicherungsansprüche sowie Einräumung und Widerruf eines widerruflichen Bezugsrechts sind der Gesellschaft gegenüber nur und erst dann wirksam, wenn sie der bisherige Verfügungsberechtigte der Gesellschaft schriftlich angezeigt hat.

§ 16 Gerichtsstand

Hat ein Versicherungsvertreter den Vertrag vermittelt, so ist für Klagen, die aus dem Versicherungsverhältnis gegen die Gesellschaft erhoben werden, neben dem Gericht des inländischen Sitzes der Gesellschaft auch das Gericht des Ortes zuständig, wo der Vertreter zur Zeit der Vermittlung seine gewerbliche Niederlassung oder in Ermangelung einer solchen seinen Wohnsitz hatte.

§ 17 Beteiligung am Überschuß

Die Versicherung ist nach Maßgabe des jeweiligen von der Aufsichtsbehörde genehmigten Geschäftsplanes am Überschuß beteiligt.

Die einzelne beitragspflichtige Versicherung erhält bei jeder Beitragsfälligkeit einen Überschußanteil in Prozent des überschußberechtigten Beitrags. Die Überschußanteile werden mit dem Beitrag verrechnet.

Bei durch Berufsunfähigkeit beitragsfrei gewordenen Versicherungen wird ein jährlicher Überschußanteil in Prozent des überschußberechtigten Dekkungskapitals fällig, erstmals zum Jahrestag der Versicherung nach Eintritt der Berufsunfähigkeit. Die Überschußanteile werden zur Erhöhung der Rente verwandt.

§ 18 Änderung der Versicherungsbedingungen

Die Bestimmungen über Ausschlüsse und Begrenzungen des Versicherungsschutzes (§ 3), über die Beitragserhöhung (§ 5 Ziffer 3), die Kosten und Gebühren (§ 19) und die Beteiligung am Überschuß (§ 21) können mit Zustimmung der Aufsichtsbehörde auch für bestehende Versicherungen geändert werden.

§ 19 Sonstige Rechtsvorschriften

Soweit in diesen Bedingungen nichts Abweichendes vereinbart ist, finden die am inländischen Sitz der Gesellschaft geltenden Gesetzesvorschriften Anwendung.

Allgemeine Bedingungen für die kapitalbildende Lebensversicherung

Sehr geehrter Kunde!
Als Versicherungsnehmer sind Sie unser Vertragspartner, für unser Vertragsverhältnis gelten die nachfolgenden Bedingungen.

§ 1 Wann beginnt Ihr Versicherungsschutz?

Ihr Versicherungsschutz beginnt, wenn Sie den ersten oder einmaligen Beitrag (Einlösungsbeitrag) gezahlt und wir die Annahme Ihres Antrages schriftlich oder durch Aushändigung des Versicherungsscheines bestätigt haben. Vor dem im Versicherungsschein angegebenen Beginn der Versicherung besteht jedoch noch kein Versicherungsschutz.

§ 2 Was haben Sie bei der Beitragszahlung zu beachten?

(1) Die Beiträge zu Ihrer Lebensversicherung können Sie je nach Vereinbarung in einem einzigen Betrag (Einmalbeitrag) oder durch jährliche Beitragszahlungen (Jahresbeiträge) entrichten. Die Jahresbeiträge werden zu Beginn eines jeden Versicherungsjahres fällig.

(2) Nach Vereinbarung können Sie Jahresbeiträge auch in halbjährlichen, vierteljährlichen oder monatlichen Raten zahlen; hierfür werden Ratenzuschläge erhoben.

(3) Bei Fälligkeit der Versicherungsleistung werden wir alle noch nicht gezahlten Raten des laufenden Versicherungsjahres und etwaige Beitragsrückstände verrechnen.

(4) Der erste oder einmalige Beitrag wird sofort nach Abschluß des Versicherungsvertrages fällig. Alle weiteren Beiträge (Folgebeiträge) sind innerhalb eines Monats, bei monatlicher Zahlungsweise innerhalb von zwei Wochen, jeweils ab Fälligkeitstag, an uns zu zahlen. Die Zahlung kann auch an unseren Vertreter erfolgen, sofern dieser Ihnen eine von uns ausgestellte Beitragsrechnung vorlegt.

(5) Für eine Stundung der Beiträge ist eine schriftliche Vereinbarung mit uns erforderlich.

Anmerkung:

Wenn die Beiträge tariflich nur bis zum Ende des am Todestag laufenden Beitragszahlungsabschnitts zu zahlen sind, lautet Absatz 3 wie folgt:

»Bei Fälligkeit der Versicherungsleistung werden wir etwaige Beitragsrückstände verrechnen.«

Bei Tarifen, bei denen die Versicherungsperiode mit dem Beitragszahlungsabschnitt übereinstimmt, lautet § 2 wie folgt:

»Was haben Sie bei der Beitragszahlung zu beachten?

(1) Die Beiträge zu Ihrer Lebensversicherung können Sie je nach Vereinbarung in einem einzigen Betrag (Einmalbeitrag) oder durch laufende Beiträge für jede Versicherungsperiode entrichten. Versicherungsperiode kann je nach Vereinbarung ein Monat, ein Vierteljahr, ein halbes Jahr oder ein Jahr sein. Die laufenden Beiträge werden zu Beginn der vereinbarten Versicherungsperiode fällig.«

(2) Entfällt ersatzlos.

(3) Wird Absatz (2) mit folgender Fassung:
»Bei Fälligkeit der Versicherungsleistung werden wir etwaige Beitragsrückstände verrechnen.«

(4) Wird Absatz (3) und lautet:
»Der erste oder einmalige Beitrag wird sofort nach Abschluß des Versicherungsvertrages fällig. Alle weiteren Beiträge (Folgebeiträge) sind innerhalb eines Monats, bei monatlicher Versicherungsperiode innerhalb von zwei Wochen, jeweils ab Fälligkeitstag an uns zu zahlen. Die Zahlung kann auch an unseren Vertreter erfolgen, sofern dieser Ihnen eine von uns ausgestellte Beitragsrechnung vorlegt.«

(5) Wird Absatz (4).

§ 3 Was geschieht, wenn Sie einen Beitrag nicht rechtzeitig zahlen?

Einlösungsbeitrag
(1) Wenn Sie den Einlösungsbeitrag nicht rechtzeitig zahlen, so können wir die Beiträge des ersten Versicherungsjahres auch bei Vereinbarung von Ratenzahlungen oder bei Vereinbarung eines Einmalbeitrages diesen sofort verlangen. Statt dessen können wir auch vom Versicherungsvertrag zurücktreten. Es gilt als Rücktritt, wenn wir unseren Anspruch auf den Einlösungsbeitrag nicht innerhalb von drei Monaten vom Fälligkeitstag an gerichtlich geltend machen. Bei einem Rücktritt können wir von Ihnen neben den Kosten einer ärztlichen Untersuchung eine besondere Gebühr für die Bearbeitung Ihres Vertrages verlangen. Diese Gebühr beläuft sich auf 10% der Beiträge des ersten Versicherungsjahres bzw. auf 3% des Einmalbeitrags.

Folgebeitrag
(2) Wenn Sie einen Folgebeitrag oder einen sonstigen Betrag, den Sie aus dem Versicherungsverhältnis schulden, nicht rechtzeitig zahlen, so erhalten Sie von uns eine schriftliche Mahnung. Begleichen Sie den Rückstand nicht innerhalb der in der Mahnung gesetzten Frist, so entfällt oder vermindert sich damit Ihr Versicherungsschutz. Auf diese Rechtsfolgen werden wir Sie in der Mahnung ausdrücklich hinweisen.

(3) Zahlen Sie schon im ersten Versicherungsjahr einen Folgebeitrag nicht rechtzeitig, so werden außerdem die noch ausstehenden Raten des ersten Jahresbeitrages sofort fällig.

Anmerkung:

Bei Tarifen, bei denen die Versicherungsperiode mit dem Beitragszahlungsabschnitt übereinstimmt, lautet § 3 wie folgt:

»Was geschieht, wenn Sie einen Beitrag nicht rechtzeitig zahlen?

Einlösungsbeitrag
(1) Wenn Sie den Einlösungsbeitrag nicht rechtzeitig zahlen, so können wir vom Vertrag zurücktreten. Es gilt als Rücktritt, wenn wir unseren Anspruch auf den Einlösungsbeitrag nicht innerhalb von drei Monaten vom Fälligkeitstag an gerichtlich geltend machen. Bei einem Rücktritt können wir von Ihnen neben den Kosten einer ärztlichen Untersuchung eine besondere Gebühr für die Bearbeitung Ihres Vertrages verlangen. Diese Gebühr beläuft sich auf 10% der Beiträge des ersten Versicherungsjahres bzw. auf 3% des Einmalbeitrages.

Folgebeitrag
(2) Wenn Sie einen Folgebeitrag oder einen sonstigen Betrag, den Sie aus dem Versicherungsverhältnis schulden, nicht rechtzeitig zahlen, so erhalten Sie von uns eine schriftliche Mahnung. Begleichen Sie den Rückstand nicht innerhalb der in der Mahnung gesetzten Frist, so entfällt oder vermindert sich Ihr Versicherungsschutz. Auf diese Rechtsfolgen werden wir Sie in der Mahnung ausdrücklich hinweisen.«

(3) Entfällt ersatzlos.

§ 4 Wann können Sie die Versicherung kündigen oder beitragsfrei stellen?

Kündigung und Auszahlung des Rückkaufswertes*

---

* Begriffsbestimmung siehe die dem Versicherungsschein beigefügte Tabelle der Rückkaufswerte und beitragsfreien Versicherungssummen.

(1) Sie können Ihre Versicherung ganz oder teilweise schriftlich kündigen

- jederzeit zum Schluß des laufenden Versicherungsjahres
- Bei Vereinbarung von Ratenzahlungen auch innerhalb des Versicherungsjahres mit Frist von einem Monat zum Schluß eines jeden Ratenzahlungsabschnitts, frühestens jedoch zum Schluß des ersten Versicherungsjahres.

(2) Kündigen Sie Ihre Versicherung nur teilweise, so darf die verbleibende beitragspflichtige Versicherungssumme nicht unter den Mindestbetrag sinken, der in unserem aufsichtsbehördlichen genehmigten Geschäftsplan festgelegt ist.

(3) Nach Kündigung erhalten Sie – soweit vorhanden – den nach unserem Geschäftsplan berechneten Rückkaufswert, wenn Sie die Beiträge für mindestens drei Jahre oder für mindestens $^{1}/_{10}$ der Beitragszahlungsdauer gezahlt haben.

(4) Der Rückkaufswert entspricht nicht der Summe der von Ihnen eingezahlten Beiträge, sondern dem Deckungskapital abzüglich eines in unserem Geschäftsplan festgelegten Abschlags.

Umwandlung in eine beitragsfreie Versicherung

(5) Anstelle einer Kündigung nach Abs. 1 können Sie unter Beachtung der dort genannten Termine und Fristen schriftlich verlangen, ganz oder teilweise von Ihrer Beitragszahlungspflicht befreit zu werden. In diesem Falle wird die Versicherungssumme entsprechend unserem Geschäftsplan herabgesetzt. Voraussetzung für die Fortführung der Versicherung unter Befreiung von der Beitragspflicht ist allerdings, daß Sie die Beiträge für mindestens drei Jahre oder für mindestens $^{1}/_{10}$ der Beitragszahlungsdauer gezahlt haben und die herabgesetzte Versicherungssumme die geschäftsplanmäßig vorgesehene Mindestsumme nicht unterschreitet.

Beitragsrückzahlung

(6) Die Rückzahlung der Beiträge können Sie nicht verlangen.

Anmerkung:

Bei Tarifen, bei denen die Versicherungsperiode mit dem Beitragszahlungsabschnitt übereinstimmt, erhält § 4 folgende Fassung:

»Wann können Sie die Versicherung kündigen oder beitragsfrei stellen?

Kündigung und Rückzahlung des Rückkaufswertes*

(1) Sie können Ihre Versicherung jederzeit zum Schluß der Versicherungsperiode ganz oder teilweise schriftlich kündigen.«

(2) unverändert

(3) unverändert

(4) unverändert

Umwandlung in eine beitragsfreie Versicherung

(5) Anstelle einer Kündigung nach Abs. 1 können Sie zum dort genannten Termin schriftlich verlangen, ganz oder teilweise von Ihrer Beitragszahlungspflicht befreit zu werden. In diesem Fall wird die Versicherungssumme entsprechend unserem Geschäftsplan Erhebungen selbst anstellen. Wir werden die erforderlichen Erhebungen nur auf die Zeit vor der Antragsannahme, die nächsten drei Jahre danach und das Jahr vor dem Tode des Versicherten erstrecken.

§ 10 Wo sind die vertraglichen Verpflichtungen zu erfüllen?

(1) Unsere Leistungen überweisen wir dem Empfangsberechtigten auf seine Kosten. Bei Überweisungen in das Ausland trägt der Empfangsberechtigte auch die damit verbundene Gefahr.

(2) Die Übermittlung Ihrer Beiträge erfolgt auf Ihre Gefahr und Ihre Kosten. Für die Rechtzeitigkeit der Beitragszahlung genügt es, wenn Sie fristgerecht (vgl. §§ 2 Abs. 4 und 3 Abs. 2) alles getan haben, damit der Beitrag bei uns eingeht.

§ 11 Welche Bedeutung hat der Versicherungsschein?

(1) Den Inhaber des Versicherungsscheins können wir als berechtigt ansehen, über die Rechte aus dem Versicherungsvertrag zu verfügen, insbesondere Leistungen in Empfang zu nehmen. Wir können aber verlangen, daß uns der Inhaber des Versicherungsscheins seine Berechtigung nachweist.

(2) In den Fällen des § 13 Abs. 4 brauchen wir den Nachweis der Berechtigung nur dann anzuerkennen, wenn uns die schriftliche Anzeige des bisherigen Berechtigten vorliegt.

---

* Begriffsbestimmung siehe die dem Versicherungsschein beigefügte Tabelle des Rückkaufswertes und beitragsfreien Versicherungssummen.

§ 12 Was gilt für Mitteilungen, die sich auf das Versicherungsverhältnis beziehen?

(1) Mitteilungen, die das Versicherungsverhältnis betreffen, müssen stets schriftlich erfolgen. Für uns bestimmte Mitteilungen werden wirksam, sobald sie uns zugegangen sind. Versicherungsvertreter sind zu ihrer Entgegennahme nicht bevollmächtigt.

(2) Eine Änderung Ihrer Postanschrift müssen Sie uns unverzüglich mitteilen. Anderenfalls können für Sie Nachteile entstehen, da Sie ggf. von wichtigen Mitteilungen nicht rechtzeitig Kenntnis erhalten.

(3) Wenn Sie sich für längere Zeit außerhalb der Bundesrepublik Deutschland einschließlich des Landes Berlin aufhalten, sollten Sie uns, auch in Ihrem Interesse, eine in diesem Gebiet ansässige Person benennen, die bevollmächtigt ist, unsere Mitteilungen für Sie entgegenzunehmen (Zustellungsbevollmächtigter).

§ 13 Wer erhält die Versicherungsleistung?

(1) Die Leistung aus dem Versicherungsvertrag erbringen wir an Sie als unseren Versicherungsnehmer oder an Ihre Erben, falls Sie uns keine andere Person benannt haben, die bei Eintritt des Versicherungsfalls die Ansprüche aus dem Versicherungsvertrag erwerben soll (Bezugsberechtigter). Bis zum Eintritt des Versicherungsfalls können Sie das Bezugsrecht jederzeit widerrufen.

(2) Wenn Sie ausdrücklich bestimmen, daß der Bezugsberechtigte die Ansprüche aus dem Versicherungsvertrag unwiderruflich und damit sofort erwerben soll, werden wir Ihnen schriftlich bestätigen, daß der Widerruf des Bezugsrechts ausgeschlossen ist. Sobald Ihnen unsere Bestätigung zugegangen ist, kann das bis zu diesem Zeitpunkt noch widerrufliche Bezugsrecht nur noch mit Zustimmung des von Ihnen Benannten aufgehoben werden.

(3) Sie können Ihre Rechte aus dem Versicherungsvertrag auch abtreten oder verpfänden.

(4) Die Einräumung und der Widerruf eines widerruflichen Bezugsrechts (vgl. Absatz 1) sowie eine Abtretung oder Verpfändung von Ansprüchen aus dem Versicherungsvertrag sind uns gegenüber nur und erst dann wirksam, wenn sie uns vom bisherigen Berechtigten schriftlich angezeigt worden sind. Der bisherige Berechtigte sind im Regelfall Sie; es können aber auch andere Personen sein, sofern Sie bereits vorher Verfügungen vorgenommen haben.

§ 14 Welche Kosten und Gebühren dürfen Ihnen in Rechnung gestellt werden?

Über die vereinbarten Beiträge hinaus dürfen wir Ihnen Kosten und Gebühren nur in den von der Aufsichtsbehörde genehmigten Fällen in Rechnung stellen.

§ 15 Wo ist der Gerichtsstand?

Ansprüche aus Ihrem Versicherungsvertrag können gegen uns bei dem für unseren Geschäftssitz örtlich zuständigen Gericht geltend gemacht werden. Ist Ihre Versicherung durch Vermittlung eines Versicherungsvertreters zustandegekommen, kann auch das Gericht des Ortes angerufen werden, an dem der Vertreter zur Zeit der Vermittlung seine gewerbliche Niederlassung oder, wenn er eine solche nicht unterhält, seinen Wohnsitz hatte.

§ 16 Wie sind Sie an unseren Überschüssen beteiligt?

(1) Um die zugesagten Versicherungsleistungen über die in der Regel lange Versicherungsdauer hinweg sicherzustellen, sind die vereinbarten Lebensversicherungsbeiträge besonders vorsichtig kalkuliert. An dem erwirtschafteten Überschuß sind unsere Versicherungsnehmer entsprechend unserem jeweiligen von der Aufsichtsbehörde genehmigten Geschäftsplan beteiligt.

(2) Ihre Versicherung gehört zum Abrechnungsverband ...

Anmerkung:

§ 16 ist nach Maßgabe des Geschäftsplanes durch folgende Angaben zu ergänzen:

a) Voraussetzungen für die Fälligkeit der Überschußanteile (Wartezeit, Stichtag für die Zuteilung u. ä.).

b) Form und Verwendung der Überschußanteile (laufende Überschußanteile, Schlußüberschußanteile, Bonus, Ansammlung, Verrechnung, Barauszahlung).

§ 17 Welche der vorstehenden Bestimmungen können geändert werden?

Die Bestimmungen über den Rückkaufswert und die beitragsfreie Versicherung (vgl. § 4), den Wehrdienst, die Unruhen oder den Krieg (vgl. § 7), die Selbsttötung (vgl. § 8) und die Überschußbeteiligung (vgl. § 16) können mit Zustimmung der Aufsichtsbehörde auch für bestehende Versicherungen geändert werden.

Wichtige Adressen

Bundesministerium der Finanzen, Graurheindorfer Str. 108, 5300 Bonn 1
Bundesaufsichtsamt für das Versicherungswesen, Ludwigkirchplatz 3–4, 1000 Berlin 15
Bund der Versicherten e.V., Postf. 760204, 2000 Hamburg 76, Tel. (040) 2298422
Arbeitsgemeinschaft der Verbraucherverbände e.V., Heilsbachstr. 20, 5300 Bonn
Gesamtverband der Deutschen Versicherungswirtschaft, Ebertplatz 1, 5000 Köln 1
Verband der Lebensversicherungsunternehmen, Eduard-Pflüger-Str. 55, 5300 Bonn
Arbeitsgemeinschaft Deutscher Versicherungsberater, Postfach 1113, 8433 Parsberg, Tel. (09492) 255

Aachener u. Münchener, Postf. 186, 5100 Aachen
Agrippina, Postf. 140180, 5000 Köln 1
Albingia, Ballindamm 39, 2000 Hamburg 1
Allgem. Rentenanstalt, Postf. 106009, 7000 Stuttgart 1
Allianz Leben, Postf. 106002, 7000 Stuttgart 1
Alte Leipziger, Postf. 1660, 6370 Oberursel/Taunus
ARAG Leben, Prinzregentenplatz 9, 8000 München 80

Basler, Basler Str. 4, 6380 Bad Homburg 1
Bayer. Beamten Versicherung, Thomas-Dehler-Str. 25, 8000 München 83
Bayerische Versicherungsbank, Postf. 220152, 8000 München 22
Bayerische Versicherungskammer, Maximilianstr. 53, 8000 München 22
Bayern-Versicherung, Postf. 900204, 8000 München 90
Berliner Verein, Postf. 100348, 5000 Köln 1
Berlinische Leben, Gustav-Stresemann-Ring 7–9, 6200 Wiesbaden 1
Bonner Lebensvers., Dürener Str. 295, 5000 Köln 41

Concordia, Karl-Wiechert-Allee 5, 3000 Hannover 61
Condor, Ost-West-Str. 61, 2000 Hamburg 11
Continentale Leben, Beethovenstr. 6, 8000 München 15
Cosmos, Postf. 505, 6600 Saarbrücken

Deutsche Beamtenversicherung, Postf. 2109, 6200 Wiesbaden
Deutsche Eisenbahn Vers., DEVK und DEVK Allgemeine, Riehler Str. 190, 5000 Köln 60
Deutscher Herold, Postf. 1448, 5300 Bonn 1
Deutscher Lloyd, Karlstr. 10, 8000 München 2
Dialog Lebensvers.-AG, Postf. 101560, 8900 Augsburg 1

Equity & Law (E&L), Postf. 2360, 6200 Wiesbaden
Erste Allgemeine, Postf. 200805, 8000 München 2
Ev. Familienfürsorge, Postf. 371, 4930 Detmold

Frankfurter, Postf. 100201, 6000 Frankfurt 1
Futura, Postf. 2508, 6200 Wiesbaden

Generali Leben, Postf. 100148, 6000 Frankfurt 1
Gerling-Konzern, Postf. 100808, 5000 Köln 1
Gothaer Allgemeine, Postf. 1943, 3400 Göttingen

Hamburg-Mannheimer, Überseering 45, 2000 Hamburg 60
Hamburger Lebensversicherung, Erdkampsweg 4, 2000 Hamburg 63
Hannoversche Lebensversicherung, Postf. 2529, 3000 Hannover
Hanse-Merkur, Postf. 302450, 2000 Hamburg 36
Hanse-Merkur und Braunschweigische Leben, Postf. 3205, 3300 Braunschweig
Helvetia, Postf. 101041, 6000 Frankfurt 1
Hessen-Nass. Lebensvers.anstalt, Postf. 3120, 6200 Wiesbaden
HUK-Coburg Allgemeine, Postf. 402, 8630 Coburg

Ideal Lebensvers., Postf. 110120, 1000 Berlin 61
Iduna, Kapstadtring 8, 2000 Hamburg 60
Inter-Kranken- u. Lebensversicherung, Postf. 101662, 6800 Mannheim 1
Interunfall, Postf. 103260, 2000 Hamburg 1

Karlsruher Hinterbliebenenkasse, Postf. 3229, 7500 Karlsruhe
Karlsruher Lebensversicherung, Postf. 3649, 7500 Karlsruhe
Kirchliche Versorgungskasse, Postf. 330350, 1000 Berlin 33

KKB Lebensversicherung AG, Postf. 9390, 4000 Düsseldorf 1
Kölner Postversicherung, Postf. 101188, 5000 Köln 1
Kölnische Lebensvers./Sachvers., Clever Str. 36, 5000 Köln 1
KRAVAG, Heidenkampsweg 100, 2000 Hamburg 1

Landeskranken- u. Landeslebenshilfe, Postf. 2047, 2120 Lüneburg
Landwirtschaftlicher Versicherungsverein (LVM), Postf. 6145, 4400 Münster
Lebensversicherung von 1871 München, Postf. 370147, 8000 München
Lebensversicherungsanstalt Saarland, Postf. 295, 6600 Saarbrücken

Magdeburger, Kirchhorster Str. 2, 3000 Hannover 51
Mannheimer, Postf. 102151, 6800 Mannheim
Mecklenburgische, Berckhusenstr. 146, 3000 Hannover 61
Münchener Lebensversicherung, Postf. 401266, 8000 München 40
Münchener Verein Allgemeine Versicherung, Postf. 200628,
8000 München 2

National Union Leben, Hochstr. 43, 6000 Frankfurt 1
Neckura, Postf. 1780, 6370 Oberursel
Neue Lebensversicherung von 1964, Postf. 104707, 2000 Hamburg 1
Nordstern, Postf. 101368, 5000 Köln 1
NOVA, Kapstadtring 8, 2000 Hamburg 60
Nürnberger Versicherung, Rathenaupl. 16–18, 8500 Nürnberg 21

Öffentliche Lebensversicherung Berlin, Am Karlsbad 4–5,
1000 Berlin 30
Öffentliche Lebensversicherungsanstalt Oldenburg,
Postf. 2705, 2900 Oldenburg
Öffentliche Versicherung Braunschweig, Postf. 3305, 3300 Braunschweig
ÖVA, Postf. 102364, 6800 Mannheim
Ontos Lebensversicherung AG, Dürener Str. 295, 5000 Köln 41

Partner-Gruppe, Postf. 96, 6050 Offenbach
Patria Versicherung, Postf. 140166, 5000 Köln 1
Pax Schweizerische Lebensvers.-Ges., Basel, Postf. 869, 8000 München 33
Pensionskasse d. Bäckerhandwerks, Spinozastr. 7/9, 1000 Berlin 41
Plus-Lebensvers.-AG, Am Forsthaus Gravenbruch 9, 6078 Neu Isenburg
Provinzial Lebensversicherung, Hannover, Postf. 280, 3000 Hannover
Provinzial Versicherungsanstalt d. Rheinprovinz, Postf. 1145,
4000 Düsseldorf 1
Provinzial Versicherungen Schleswig-Holstein, Sophienblatt 33, 2300 Kiel 1

Quelle + Partner Versicherungen, Nürnberger Str. 91–95, 8510 Fürth

Rheinland Vers.-AG, Postf. 101252, 4040 Neuß
R+V Versicherungsgruppe, Taunusstr. 1, 6200 Wiesbaden

Saarland Versicherungen, Postf. 295, 6600 Saarbrücken
Saar-Rhein Allgemeine Versicherungs-AG, Postf. 415, 6600 Saarbrücken 3
SAVAG, Dudweilerstr. 41, 6600 Saarbrücken
Schweizer National, Neue Mainzer Str. 1, 6000 Frankfurt
Schweizer Union, Postf. 102161, 6800 Mannheim 1
Schweizerische Lebensversicherung u. Rentenanstalt, Postf. 401709, 8000 München 40
Securitas Versicherungen, Postf. 107807, 2800 Bremen 1
Signal, Postf. 105052, 4600 Dortmund 1
Skandia, Graf-Folke-Bernadotte-Str. 23, 6078 Neu-Isenburg 1
Sparkassen-Versicherung, Postf. 501080, 7000 Stuttgart 50
Stuttgarter Lebensversicherung, Postf. 1283, 7000 Stuttgart 1
Süddeutsche Kranken- und Lebensversicherung, Postf. 131145, 7000 Stuttgart 1

Thuringia, Postf. 830958, 8000 München 83
Transatlantische Leben, Postf. 602680, 2000 Hamburg 67

UAP International, Postf. 769, 6600 Saarbrücken
Union u. Rhein Versicherung, siehe Magdeburger
Unitas Vers., Postf. 101188, 5000 Köln 1
Universa, Sulzbacher Str. 1–7, 8500 Nürnberg

Vereinigte Postversicherung, Lindenspürstr. 22, 7000 Stuttgart 1
Vereinte Versicherung AG, Fritz-Schäffer-Str. 9, 8000 München 83
Versicherungsgruppe Hannover, Postf. 280, 3000 Hannover
Victoria, Kurfürstendamm 24, 1000 Berlin 15
Vita, Postf. 170540, 6000 Frankfurt 17
Volksfürsorge, Postf. 106420, 2000 Hamburg 1
Volkswohl-Bund, Südwall 37–41, 4600 Dortmund
Vorsorge Lebensversicherung, siehe Victoria

Westfälische Provinzial, Versicherung d. Sparkassen, Postf. 5960, 4400 Münster
Wikinger Lloyd, Postf. 370374, 1000 Berlin 37
Winterthur-Versicherung, Leopoldstr. 204, 8000 München 40
WWK, Marsstr. 42, 8000 München 2

Zenith Versicherung, Postf. 1660, 6370 Oberursel/Taunus
Zürich Versicherungs-Ges., Postf. 170540, 6000 Frankfurt 17

Stichwortverzeichnis